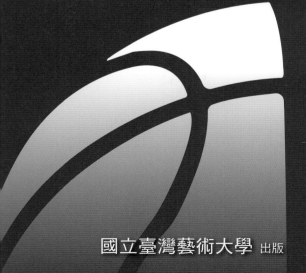

籃球進攻戰術
牛角戰術

李伯倫 著

國立臺灣藝術大學 出版　　五南圖書出版公司 印行

推薦序
人生是一場精彩絕倫的籃球比賽

　　國立臺灣藝術大學籃球隊源起自民國 82 學年度開始，適逢教育部運動績優保送甄試開放後，開啓參與大專籃球聯賽男子組賽事之卓越篇章，從甲三級開始一直到 84 學年度晉升爲甲二級，並且榮獲甲二級的冠軍。86 學年度起晉升爲甲一級直至 108 學年度，在甲一級比賽中曾榮獲第一名兩次、第二名一次，並曾連續十年在非體育學校賽事中獲得蟬聯冠軍之殊榮。續於 100、102 學年度中華民國大專院校籃球聯賽公開男子組一級榮獲第一名。囿於在本校沒有體育科系及專屬籃球場之條件下，臺藝大鯊魚籃球隊在篳路藍縷中戳難折衝，屢屢締造佳績。

　　臺藝大鯊魚籃球隊在總教練李伯倫老師的帶領下，除了對內的球隊管理，並積極向外擴展與提升，對外負責吸收新血輪的招生外，訓練擘劃及場外資源的尋求，可以說是任務艱困，亦推動人才的更迭。近期加入葛記豪老師來接任執行教練後，伯倫可以花更多心力在球隊的後勤支援，兩人各司其職、互相配合、凝聚心血，使臺藝大籃球隊的運作更加順利。有了堅強的陣容，成熟的球員，不斷地訓練球技，做足準備，承襲前輩榮光，勇於創新突破，迎接每個新一季的挑戰，定能使臺藝大鯊魚籃球隊重返榮耀，爲校爭光。

　　伯倫在忙碌訓練之餘，對於專業學術更秉持初心、持續精進，將自己擔任球員及教練的經歷著作成《籃球進攻戰術──牛角戰術》一書出版問世，伯倫將豐富的經驗付之於文字，以淺顯

易懂的表達方式，讓喜愛籃球的球迷或是專業的球隊，更能了解戰術的使用攻略。

　　伯倫除在本校任教及帶領球隊外，課餘並擔任球評，講述專業的籃球知識分享給觀眾，延續他一生秉持著籃球爲其生平職志的信念，他總是擁抱這份初衷，教育、付出再回饋，堅持走在籃球的路上，熱情永不停歇。在此付梓之際，能爲他作序，分享他豐碩的果實，與有榮焉，期待這本書的出版！也祝福伯倫和臺藝大鯊魚籃球隊，再締輝煌的戰績，續添榮光紀錄。

國立臺灣藝術大學校長　鐘世凱　謹識

推薦序

　　我和伯倫認識已經有好長一段時間了，伯倫高中時進入再興中學籃球校隊，當時我是擔任球隊的教練，伯倫一直在籃球校隊裡有很好的成績表現，我們平時的訓練培養出很好的默契。伯倫高三那年，我們一起拿下了隊史上第一座 HBL 全國冠軍，掀起了「再興盛事」的風潮，我們的關係亦師亦友，是隊友也是戰友。

　　90 年臺灣職業籃球正式宣告結束，而伯倫也有些許的運動傷害和個人的生涯規劃，乃毅然決定提早投入教練工作，回到再興中學擔任助理教練，由於我們絕佳的默契與配合度，再度為學校掄了兩座冠軍。接著他又考進教練研究所深研學術理論。碩士畢業後服役於當時的運動科學替代役，並成為左營國家運動中心運動科學小組的一員，學到了許多領導方面的經驗，使他日後帶領球隊有更完整的資歷。

　　退役後他接下臺藝大的籃球教練工作，臺藝大為非體育科系，沒有體育場館，也沒有專屬的訓練條件，卻擊敗很多擁有體育館的學校，並於 100 年取得全國大專聯賽 (UBA) 冠軍，他的努力和付出都值得豎起大拇指比「讚」。

　　值此時刻，伯倫要出書了，替他感到高興。一路以來，他戮力專研籃球相關領域，將變幻莫測的「牛角戰術」研究透徹，深入淺出的論述，讓有興趣的球迷能認識與了解。若沒有專業的知識與豐富的教練閱歷，是無法將此戰術敘述成書的，相信這本書

一定是淺顯易懂、值得大家一看的書籍。在此，也祝福伯倫順利出版，更上一層樓。

臺北富邦勇士籃球隊總教練　許晉哲　謹識

自序

　　「取之於籃球，用之於籃球，回饋於籃球」，是我多年推廣籃球的初衷。從 10 歲開啟籃球生涯，我的人生幾乎都與籃球為伍，它陪伴了我的成長，走過校隊、職籃、教練，再進入國立臺灣藝術大學執教，從事專任教職、專業球評，都脫離不了籃球。

　　我生於籃球世家，父親與兄長皆熱愛籃球運動，從小耳濡目染，深受家人的薰陶。我的籃球生涯中，遇到了三位貴人的相助，第一位是羅毓彪教練，網羅我進小學的校隊，成為我的籃球啟蒙教師。第二位是許晉哲教練，高中三年在許教練的指導下，曾與歐陽進恆、花金國、檀伯強、哈孝遠等隊友們，席捲高中籃壇的「再興王朝」，更在高中最後一年拿下了校史以來第一座的甲組冠軍，因此許教練更成為我的籃球楷模。在打職業球員的生涯中，因大環境的改變與受傷之故，回到了母校找當年的許教練，在教練的安排下，受傷時期的我回到母校兼任助理教練。從許教練的身上，我極力地吸取養分、獲取經驗，更與許教練一起帶領中華隊出征國際。第三位貴人是臺藝大的呂青山老師，進入臺藝大後，在呂青山老師的帶領下，分別於 100 年與 102 年幫學校拿到了兩座隊史冠軍，穩固大專一級的地位。

　　本書能出版問世，主要應本校圖書館呂允在館長的邀稿出書，思考著如何撰寫這本書，因此把我個人打籃球的經驗，以及集多年來洞悉球員天分、缺點之教練經歷，用「牛角戰術」為題，深入淺出的方式作一戰術介紹，讓籃球迷更清楚了解籃球的攻防。「蹲下是為了躍起」，我的責任是幫助每一位手上的選手

發展天賦與未來性，拿到更好的成績，秉持著分享「專業籃球」的精神，期盼所有喜愛籃球的人都能體會到籃球的樂趣，而不是只有在進球的那一刹那感到快樂。延續「回饋」、「推廣」籃球的理念，讓更多人真正體驗到籃球的知識與訓練，這才是我的終極目標。殷盼藉由本書的出版，拋磚引玉，讓愛好籃球運動者更懂籃球戰術，在球場上善加運用，發揚光大。

楔子

　　籃球是世界上最多人觀看的球類活動之一，從 1936 年起就是奧運會的正式競賽項目。若在三分線內投進籃可得兩分，反之在三分線外投進，可以得到三分，比賽結束時，得分最多的球隊就獲得勝利，但若二隊平手，會進行延長賽，直到分出勝負為止。在職業聯賽中，美國國家籃球協會 (NBA) 最為出名，是美國乃至於全球最高水平的職業籃球聯賽，因此美國也被稱為籃球王國。在大眾文化中，籃球同樣是全世界最風行的運動之一，讀書是本分，打球則是一種成長歷練，當籃球不再只是打球，而是在籃球場上磨練自己、鍛鍊品格，從迷茫中的自我找到決心以挑戰巨大夢想心願時，人生就充滿無限的可能。

　　籃球的戰術非常多，想打好一場球賽，是考驗智慧與攻略的技巧。本書提出的牛角戰術 (Horns Offense) 為全球籃球戰術系統之一，它不僅能輕鬆製造空檔，還能引導出多元的進攻可能性，而牛角戰術則能進一步為進攻方創造理想的得分機會。據此，本書共分為六章，分別從牛角戰術的基本概念、技巧、戰術與動作解析等多面向來論述牛角戰術，並以實務的經驗拆解牛角戰術的訓練法，也訪談六位身經百戰的教練，以及訓練師、球員們，將牛角戰術的攻防技巧，以實際案例分享給讀者。

　　「牛角戰術」可以說廣為籃球迷所知，然而大多數球迷對於「牛角戰術」都是一知半解，有些人可能了解它的基本戰術，但對其後續的變化一無所知，透過本書讓我們一起來學習一下變化多端的牛角戰術，更能將此一戰術靈活地應用在球場上。

　　牛角戰術是現今籃球進攻戰術之潮流，於世界各層級籃球進攻戰術中被廣泛接受與使用，它能創造簡單空檔，亦能衍生多變的進攻機會。隨著國際籃總規則的修正，現今籃球要求更快的速度與增加更大的禁區攻擊空間，而隨著規則的改變，牛角戰術更能爲進攻方創造絕佳的攻擊機會。[1]

　　本書試圖從傳統的三角戰術探究牛角戰術的演化，並就牛角戰術系統的特性類型以及案例等做出解說及論述，冀盼將該進攻系統提供給國內教練與球員，於籃球實際環境之中有更深一層的思考及借鏡。

　　隨著現代籃球競賽全方位對抗的日益激烈，籃球戰術越來越受到重視，已經成爲比賽中重要的得分手段和決定比賽勝負的關鍵因素。可以說，技戰術水準的高低決定了球隊戰績。戰術的研究與實務近年來備受重視，進攻得宜，爭得了整場比賽的主導權。此外，一場比賽的勝出，除了戰術之外，還包含嚴密的控場以及隊員間的默契等，才能左右一場賽事的輸贏。由過往籃球戰術的發展來看，很多籃球戰術求的是一瞬間的空檔，進攻者擁有很大空間與時間可以進球得分、控場、獲勝。然而，籃球是一種團隊合作的運動，比賽的逆轉不是僅靠一人就可以贏球，還是需要戰術配合，後續本書將解剖說明簡單卻又多變的牛角戰術系統。

1　李伯倫、呂允在、葛記豪、盧譽誠 (2019)。籃球進攻戰術之介紹 —— 牛角戰術。國立臺東大學體育學報，30，65。

前言

　　籃球，這項優美的競技運動，自誕生以來，一直在不斷演進和變革。在籃球領域取得成功，不僅需要優秀的球員，還需要完善的戰術和策略。球隊必須不斷改進，以因應對手的變化和挑戰，進一步提高競爭力。而在這無盡變革的籃球世界中，「牛角戰術」如今已經成為廣泛應用的進攻策略，它為球隊提供了獨一無二的優勢和無限可能。「牛角戰術」不僅僅是一套進攻方案，它代表著籃球智慧的巔峰。它是一門藝術、一門科學、一門團隊合作的表現。這個戰術提供了無限的創造力，允許球隊在進攻端自由發揮，同時保持高度組織和協同合作。它是一個複雜而又令人著迷的系統，其核心為在球場上創造機會，利用每個球員的優勢，並打破對手的防守。「牛角戰術」是一個有效率且多變的戰術，但想要發展出適合自己球隊的牛角戰術，是教練一個重要的功課。

一、培養球員智慧的工具

　　為什麼「牛角戰術」如此重要？這不僅僅因為它提供了多樣的進攻選項，還因為它具有適應性，無論對手如何變化，這項策略都能夠應對。它是一種動態的戰術，可以根據比賽情境和對手的表現進行調整。這正是成功的籃球隊伍所需的，因為比賽中情勢瞬息萬變，能夠靈活應對的球隊更有優勢。此外，「牛角戰術」也是一種培養球員智慧的工具。它要求球員思考、決策和執行，這些能力不僅在籃球場上有用，還可以在生活中派上用場。

　　這種戰術教導了團隊協作、教練與球員如何相互合作，充分發揮每個人的潛力。本書的目標是協助讀者深刻理解「牛角戰術」的核心概念和運作原則。本書將提供清晰的解釋和實例，確保讀者能夠完全掌握這一戰術的精髓。同時，本書也將提供必要的技能和戰術，讓球員能夠成功實踐「牛角戰術」。本書將深入探討控球後衛、得分後衛、前鋒、大前鋒、中鋒等五個位置球員的得分機會，並展示如何透過掩護、傳球、持球攻擊等戰術系統，創造每個位置的得分機會。

二、教練的角色

　　透過國家級職業隊教練與球員的經驗與視角，本書將詳細陳述牛角戰術在比賽中的使用時機、成功要素、重要性及成功案例。我們將探討球員視角的牛角戰術攻擊目標，以及各個位置球員在牛角戰術中所扮演的角色。球員們將分享他們認為牛角戰術的優勢和使用時機，並展示如何透過掩護、傳球、持球攻擊等戰術系統，創造每個位置的得分機會。此外，本書還將深入探討教練如何在比賽中適當地應用「牛角戰術」，以提升球隊的整體進攻效率。

　　同時，本書為教練提供教學方法，幫助他們有效地傳授和指導球員運用「牛角戰術」。除分享如何拆解牛角戰術的練習計畫和訓練方法，以提高球隊的進攻效率，此外還將深入探討教練如何在比賽中適當地應用「牛角戰術」。本書呈現不同位置球員在實際情境中使用這一策略的案例，包括三分球得分、禁區得分、空手切入得分、持球進攻得分以及籃下單打得分等。同時，也討論如何根據對手的防守策略進行靈活調整。其最終目標是透過深

化球員的專業技能和籃球知識來增強球隊的競爭力。除強調個人技能的重要性，同時強調如何在團隊中發揮作用，以建立更強大的球隊。

總之，這本書的宗旨是爲籃球教練和球員提供一個全面的指南，幫助他們深入理解、教授和應用「牛角戰術」，從而提高球隊的競爭力並取得成功。我們將分享全球頂尖的「牛角戰術」，以助讀者在籃球領域取得更大的了解。總而言之，籃球「牛角戰術」是一門值得深入研究和探索的學問。它代表著籃球的精髓，它超越了一場比賽，成爲一種藝術和哲學。無論您是一位教練、球員還是熱愛籃球的觀眾，深入理解這一策略將讓您更好地欣賞和參與這項令人著迷的運動。本書的目的就是爲您提供這樣的機會，以及深入了解籃球「牛角戰術」的一切所需知識和指南。

當然，教練不僅僅是戰術和技術的指導者，更是領導者和啓發者。籃球教練需要擁有全面的技術知識，包括戰術訓練、球員發展和比賽管理。他們必須能夠適應變化，爲球隊制定戰術，並透過溝通和激勵，引導球員在場上發揮最佳水平。

除了技術指導外，籃球教練應該關注球員的整體發展，包括身體素質、心理素質和技術能力。這意味著要爲球員提供個性化的訓練計畫，幫助他們克服困難、發揮潛力。同時，教練需要建立團隊凝聚力，培養良好的合作和溝通氛圍。

賽前的準備至關重要，籃球教練需要透過影片分析、數據統計和對對手的研究，制定有效的戰術計畫。賽後的分析同樣重要，透過觀看比賽錄像和分析數據，找出球隊的優勢和不足之處，並爲下一場比賽做好準備。

　　最後，籃球教練應該是一個領袖兼學者，持續學習和成長。這包括學習最新的籃球趨勢、技術和領導理念，並與其他教練、專家和球隊成員合作，持續改進並保持領先地位。籃球教練這個角色不僅僅是在球場上指揮比賽，更是在球員和團隊的成長發展中扮演著至關重要的角色。

目　錄

第一章

牛角戰術的基本概念

第一節
牛角戰術的定義
一

　　牛角戰術是籃球比賽中常見的進攻戰術，其特點是球員以1-2-2 的站位形成類似牛角的形狀，因而得名。戰術要求兩名內線高個球員站在罰球線延伸區域的兩側，控球後衛則在三分線外弧頂持球，另外兩名球員各自在兩個底角三分線附近，而控球後衛在此「V」字形布局下，透過對場上局勢的觀察和理解，利用擋拆、傳球或突破來創造進攻機會。[1]

　　「牛角」的英文名稱是「horns」，它嚴格來說並不是一種戰術，而是陣地戰進攻的一種初始站位陣型：組織後衛在弧頂位置，兩名內線在禁區兩個頂點的位置，剩下的兩名球員在兩個底角拉開空間。由於這個陣型看起來像個「V」字型，所以也叫做「V」字戰術。這種進攻策略具有幾個獨特特點，使其成為一個在籃球場上高效得分的有價值工具。

一、擴大進攻空間

　　進攻戰術是指在籃球比賽中，進攻球員二至三人之間以特定的專門方式所組成的配合方法。它是組成全隊整體進攻戰術的基礎。因此，熟練掌握和靈活運用這些基礎的方法，對提高球員整體進攻戰術配合能力和戰術意識，有極其重要的作用。[2]

1　百度百科—牛角戰術。上網日期：2024 年 8 月 14 日，https://baike.baidu.hk/item/%E7%89%9B%E8%A7%92%E6%88%B0%E8%A1%93/23778028。

2　張秀華、劉玉林 (2005)。籃球系統戰術。北京：人民體育出版社，62。

　　在籃球進攻戰術中，最重要的事情在於打開進攻空間，以促進戰術的執行。這個動態的運動依賴於在球場上創造空間的能力，這是任何比賽策略成功的基石。這種空間運動的重要性是多面的。它為球員帶來得分機會，賦予他們在場上找到最佳出手位置的自由，不論是通往籃框暢通無阻的路徑、一個開放的三分出手機會，還是內線單打的機會。

　　此外，場上的寬敞還促進了更有效的傳球，增強了傳球路線，使球隊能夠透過找到進攻空檔的隊友進行高命中率的出手來攻擊防守的弱點。此外，當一位高效率的球員掌握球權並試圖進攻時，他有能力有效地吸引防守球員前來協防。這種情況下，我們能夠更有效地利用球場空間，為助攻和開放性出手創造機會，尤其是在防守球員傾向於過度協防持球進攻球員時。

　　有效拉開進攻空間會對對方防守造成壓力，迫使他們拉開隊形，覆蓋更多的防禦空間，從而導致防守錯位而瓦解，因為他們努力快速轉動以封堵射手或保護籃框。最後，有效的場地利用使球隊具有優勢，使他們能夠應對各種防守策略，擁有一個良好的進攻布局，創造了攻擊對手弱點的機會。

　　總之，籃球戰術的精髓在於打開進攻空間，將其轉化為戰術，巧妙攻擊防守方的弱點而取得分數，了解這一重要性並能夠巧妙地創造和利用空間的球隊，通常享有相當大的優勢，更能夠利用得分機會、無縫的傳球，和擾亂對方防守。

圖 1　擴大進攻空間

二、多元性攻擊優勢

　　攻擊路線的靈活性是「牛角戰術」的一大特色，它的多面性無疑是其最引人注目的優點之一。這種戰術的特點在於其提供了多樣化的進攻策略，反過來對對手構成了巨大的挑戰。它之所以與眾不同，在於其能夠在對手猜測進攻路徑時即解讀防守，改變攻擊方式。

　　在「牛角戰術」的框架下，球員有多種不同的進攻戰術可供選擇。包括複雜的單打、掩護戰術的執行、巧妙的手遞手擋拆、創造高命中率得分機會的精確傳球、奇襲式的假傳真切入，以迷惑防守者。甚至當防守縮小至禁區保護籃框時，持球的策應球員可以從傳球意圖自信地改為投三分球。

　　進攻多元選擇的廣泛性會使防守球員緊張不安，讓他們難以準確預測下一個進攻動作。當進攻方部署「牛角戰術」時，對手會陷入一個棘手的狀況，他們必須迅速做出反應，快速做出重要決策，並適應不斷變化的進攻策略，這不僅考驗他們的籃球智商，還對他們的防守協調和溝通能力施加了巨大壓力，一旦防守判斷錯誤或溝通不良，進攻方將出現攻擊機會。

　　總之，「牛角戰術」系統中多元進攻選擇為對方的防守對應帶來了難題，它迫使對手應對不斷變化的進攻選擇，難以提前制定對抗球隊行動的策略，這種進攻戰術的戰略深度和不可預測性體現了其有效性，確保它在熟練的籃球隊伍手中仍然是一個強大的武器。

三、高位啟動的優勢

　　在籃球的「牛角戰術」中，安排高大球員站在高位並掌握持球權發揮了關鍵的作用，是這種戰術中的一個重要元素。這種策略的核心思想是將一到兩名球員放在高位或肘部區域，以實現高效的控球和進攻組織。這兩名球員可以根據比賽情境迅速做出決策，無論是傳球給切入禁區的球員、自己選擇中距離投籃，還是運作球的傳遞和移動。

這樣的配置提供了多種攻擊選擇，即使面對最堅固的防守，也能夠找到突破口。首先，高大球員站在高位進行持球攻擊時，會吸引防守球員的注意力，尤其是禁區協防球員。對手通常不得不調整他們的防守策略，派遣額外的球員來對付這些高位球員，以阻止他們的得分或傳球。這種情況為其他球員開啓了進攻空間，特別是那些試圖實行空手切入或自行持球切入的球員。因為禁區協防球員被拉出禁區，所以這些進攻球員可以更容易地突破對手，找到得分機會。進攻區域聯防，最好的方法是適時地用高吊球向內線提供攻擊的「炮彈」。[3]

進一步來說，高大球員在高位的持球攻擊能夠嚇阻對手的禁區防守。對手知道如果自己不關注這些高位球員，他們就有可能輕鬆得分或傳球給其他球員。這種壓力迫使防守方保持高度警惕，使防守球員無法維持禁區防守的完整性。這樣，即使高大球員不直接得分，他們的存在也為整個進攻陣容創造了更多的機會。

總而言之，牛角戰術中高大球員的高位持球攻擊是一個多功能的戰術策略，它不僅可以直接影響進攻，還能夠改變對手的防守策略。這種策略性的部署使牛角戰術變得更加多樣化和難以預測，為球隊的成功提供了關鍵的優勢。

四、三分球攻擊空間

在籃球的「牛角戰術」中，三分球的威脅不容忽視。當兩名

3　哈金斯、克勞斯著，武國政譯 (2004)。美國籃球移動進攻戰術精解。北京：人民體育出版社，13。

球員站在底線的角落時，這種戰術立即在進攻端製造了強大的三分球威脅。假如防守方選擇在禁區協防，那麼將球傳給無人防守的底線射手將會是一個極具效果的選擇。這樣的傳球拉開了防守的陣型，爲無人盯防的三分球投射打開了大門。值得注意的是，在「牛角戰術」中，這種位置所創造的三分球機會距離籃框最近，這意味著命中的可能性更高。

　　而將高命中率的三分球射手放置在底線角落的策略，也將迫使對方防守擴展至場地的外緣，遠離禁區。這樣的防守調整不僅改變了防守既定布陣，也爲禁區內的進攻創造了更多的空間。然而，對方防守球員必須在切入內線的進攻球員和底線射手之間找到平衡，這種選擇往往會讓他們陷入兩難。他們必須選擇是否協防切入球員，但這可能會給底線射手留下投籃機會；或者是否緊盯底線射手，但這樣可能會讓切入的球員有更多的得分空間。這樣的防守困境爲進攻方帶來了極大的優勢。

　　此外，兩側底角的進攻位置也爲射手提供了多種得分機

圖2　三分球攻擊空間

會。他們可以充分利用下擋中鋒的掩護，創造三分線的空檔，也可以突襲熟練的後門防線，進行空手上籃得分。這進一步豐富了進攻策略，使「牛角戰術」變得更加多樣化，同時增強了射手的作用。總之，「牛角戰術」所帶來的三分威脅和進攻選擇不僅增強了進攻的多樣性，還使防守方不知所措。這種戰術的多重效應使其成為籃球場上一個極具威力的策略，不僅能夠提高得分機會，還能夠擾亂對手的防守部署。

五、擋拆戰術

在「牛角戰術」中，擋拆掩護的多樣性和重要性不容小覷，它為球隊的進攻帶來了多重優勢。這種戰術的核心在於將一到兩名球員放置在高位或肘部區域，創造了更寬敞的場地空間，這對擋拆掩護的進攻策略至關重要。首先，「牛角戰術」的間距設計使得防守球員難以協防到禁區，因此，擋拆掩護在這種情況下變

圖 3　擋拆戰術

得更加具有侵略性。當大個子球員在高位設置挑擋後，有多個選擇可供採取，他們可以快速移位至三分線外進行跳投，這樣不僅拉開了防守範圍，還提供了一個高命中率的得分選項，使對手難以應對。其次，「牛角戰術」鼓勵快速的決策，這對擋拆掩護攻擊至關重要，持球球員在被擋人掩護後有多種選擇，包括突破上籃、選擇中距離跳投、傳球給下滑禁區的大個子，或者傳球到底線或兩翼的射手，這種多功能性的攻擊選擇使得防守球員難以預測，亦無法迅速應對進攻變化。此外，「牛角戰術」強調球的傳遞和團隊協作，快速的球移動可以牽動防守布陣的大量輪轉，爲球隊帶來空檔的投籃機會，或者爲下滑籃下的大個子在禁區得分創造機會，有效的傳球和球的移動通常導致較高的進攻效率，使擋拆掩護策略更具致勝力。最後，「牛角戰術」的擋拆掩護不僅迫使對方防守球員做出困難的選擇，還具有適應性，可以應對各種不同的防守對應情境再做出即時變化，這種戰術提供了多重優勢，可以充分利用防守的弱點，提高進攻效率，使其成爲成功的籃球戰術之一。

擋拆是 NBA 最基礎且高效的戰術，幾乎每支球隊都會使用，它既簡單實用又變化多端。這一戰術的核心是兩名球員的配合：其中一人爲持球隊友設立掩護，擋住防守球員，從而爲進攻創造更好的空間和條件。

歷史上，猶他爵士隊的斯托克頓 (John Stockton) 和馬龍 (Karl Malone) 是運用擋拆最成功的經典組合，他們將這一戰術發揮到了極致。而在現代 NBA，不同類型球員的搭配可以讓擋拆產生不同效果。例如，勇士隊的柯瑞 (Stephen Curry) 與杜蘭特 (Kevin Durant) 憑藉卓越的得分能力，他們的擋拆配合讓對手

防不勝防，威力十足。[4]

六、適應性

牛角戰術之所以如此出色，其中一個關鍵特點就是其高度的適應性。這種進攻策略提供了多種自定義選項，可以根據球隊的具體需求、球員的技能和所偏好的

圖 4　適應性

比賽風格進行微調。它的主要優勢之一在於其人員靈活性，可以容納不同類型的球員，具有不同的優勢和能力。無論球隊擁有優秀的內線球員、熟練的持球者還是射手，牛角戰術都可以根據其獨特的能力進行定制，使其成爲最大程度地發揮可用天賦的理想選擇。此外，牛角戰術在控制比賽節奏方面非常多樣化。球隊有自由裁量權，無論他們偏好緩慢而細緻的半場進攻，還是迅猛的突襲進攻，都可以調整牛角戰術以適應這些偏好。這種適應性確保了球隊可以根據自身優勢發揮，有效地利用對手的弱點。此外，這種陣型提供了豐富的進攻選擇，包括擋拆組合、手遞手傳球組合、突破傳球和內線進攻等。球隊可以根據對手的防守策略

4　NBA 有哪些進攻戰術？。上網日期：2024 年 8 月 15 日，https://www.juduo.cc/club/2060389.html。

選擇並修改這些選項，使防守方難以預測，並在防守這種多變陣型時產生巨大的挑戰。

七、不對稱機會

「牛角戰術」領域中，不對稱機會的出現是一個引人入勝的戰略優勢，提供了一種精確和巧妙地利用對方防守漏洞的方式。這種精密的戰術方法依賴於故意將兩名身材高大的球員，通常被稱爲「牛角」，放置在高位或肘部區域，有策略地在球場上製造一個故意不對稱的陣型。這種故意的不對稱在多方面體現了其優點，其中最明顯且至關重要的一點在於其能夠引發防守失衡，當高位球員成爲進攻策劃的核心時，它有效地迫使對方球隊在其防守策略上做出重大選擇。問題在於是否調派額外的防守球員來遏制高位的威脅，這一舉措不可避免地會使場上其他關鍵區域變得脆弱，正是在這個時刻，進攻機會蓬勃發展，球員巧妙地利用防守的短暫失誤，精確地切入禁區，或者爲站在進攻弱側的射手提供位置。此時防守才發現自己陷入了一個棘手的困境：要保護高位還是應對場上分散的潛在得分威脅？這種困境突顯了這種戰術舉措的本質不平衡性。

第二節

牛角戰術的起源

一

籃球界常提及的「牛角戰術」，又稱爲「A-Set」或「A-Frame」，其源頭有些神祕，沒有確切的紀錄能指出它最初是何時、何地首次提出的。這是一種戰術陣型，涉及將兩名球

員，通常是大個子或大前鋒，布置在場地的高位或肘部區域，形成一個類似公牛角的對稱陣型。

「牛角」這個術語可能是因為球員在排列時，形成的曲線狀類似牛角而得名。這個陣型獨特的布局使得在比賽中容易識別。

雖然確切的起源不清楚，但「牛角戰術」已經成為現代籃球戰術的一個標誌性存在。多年來，許多教練和球隊都已採用和適應了這種戰術，將其發展成各種不同的進攻和防守策略。儘管起源不明確，但「牛角戰術」的有效性在於它能夠創造空間，利用防守的弱點，並為球隊的進攻策略提供靈活性。這彰顯了籃球戰術不斷演變的本質，其中創新的方法可以在籃球界內部自然而然地傳播，而不受其具體起源的約束。

牛角戰術的核心在於四號位和五號位內線球員拉到罰球線以上的位置進行掩護，為控球後衛創造進攻選擇。控衛可以選擇突破某一側直攻籃下，或在遭遇補防時將球傳給外線處於空檔的三號位；也可以轉向另一側，與二號位進行更多的擋拆配合。

執行牛角戰術的關鍵條件包括內線球員能提供高品質的掩護，二號位和三號位具備穩定的外線投射能力，以及控衛擁有清晰的判斷力與靈活的應變能力。這些要素共同確保戰術運轉流暢且具有威脅性。[5]

5　球天下。上網日期：2024 年 8 月 15 日，https://www.qtx.com/encyclopedias/niujiaozhanshu.html。

第三節
牛角戰術的發展
一

　　籃球中「牛角戰術」的發展是一個漸進和演變的過程，受到各種因素的影響，包括比賽規則的變化、教練策略和球員技能。雖然沒有一個明確的創建時刻或個人可以歸功，但本書可以透過不同的階段來追蹤其發展。

　　隨著時間的推移，籃球的演變促使教練和球員開始積極嘗試各種不同的進攻策略，其中一個引人注目的策略是將兩名大個子球員放置在高位或肘部區域，旨在實現內外得分的平衡。傳統的籃球戰術通常將身材高大的球員放置在靠近籃框的位置，因為他們相信這樣能提供更高的進攻成功率。然而，隨著「牛角戰術」的崛起，這種傳統觀念受到了顛覆，這一新策略開始獲得廣泛認可。

　　這一概念的興起開始讓教練們思考如何更好地利用場上球員的特點和比賽風格。這種適應性使得「牛角戰術」成為一個極具多功能性的進攻策略，能夠根據球隊的需求和比賽情境進行調整，並在不同的情況下發揮其潛力。在過去的幾十年中，「牛角戰術」逐漸嶄露頭角，成為籃球比賽各個級別的主要特點。球隊深刻認識到這種戰術在創造間距、傳球和得分機會方面的卓越效能。然而，要實現這種戰術的成功應用，教練和球員需要不斷精進和改良，以確保它能夠完美地融入球隊的整體戰術體系。

　　特別值得一提的是，美國職業籃球聯賽 (NBA) 在推廣和發展「牛角戰術」方面發揮了關鍵作用。NBA 球隊因其全球知名度而聞名，通常扮演著籃球戰術趨勢的制定者角色。當 NBA 球

隊成功將「牛角戰術」納入其進攻策略時，它獲得了全球的廣泛認可，並且在國際籃球社區中產生了深遠的影響。在這個不斷發展和演進的過程中，「牛角戰術」不斷受到挑戰和改進。充滿創意的教練們不斷調整和發展這一戰術，引入新的變化和策略，以讓對手在應對時感到困惑。這種不斷的戰術演進突顯了籃球戰術的適應性和動力，並在籃球領域中不斷開拓新的可能性，確保「牛角戰術」在現代籃球戰術中繼續占據重要地位。總之，在籃球中「牛角戰術」的發展可以被描述為一個持續不斷的完善和適應過程。它從基本的陣型漸進成為一種精密而多功能的進攻策略，受到比賽規則變化和教練及球員的創意驅使。如今，「牛角戰術」仍然是現代籃球戰術的基本組成部分，突顯了其在這項運動中的持久重要性。

第四節
牛角戰術的特性
—

一、空間及站位與傳統戰術不同

傳統的籃球進攻為 1-2-2 的布陣，過去籃球以掌握禁區優勢者得勝，球隊擁有雙塔主宰禁區便能決定籃球勝負，現今籃球速度要求高，在攻守反覆節奏加快的情況下，中鋒的高度已不能全然滿足現今籃球要求速度的趨勢，更有許多球隊捨棄高度擺出小球陣容。NBA 2015 年賽季勇士隊擺出 Play small 陣容，在七戰四勝冠軍賽中先以一比二劣勢，後來居上取得睽違 41 年的 NBA 總冠軍。

　　當中鋒在禁區無法取得絕對優勢時，必須重新改變球場上球員的位置分布，中鋒增加外線投射能力，能有效牽制內線防守球員遠離籃框，而禁區被淨空的情況下，增加鋒線球員突破攻擊籃框以及撕裂防線的破壞力，而牛角戰術的站位與發動就是最符合當今「空間」及「速度」至上的籃球戰術。牛角戰術中內線兩名高大球員發動位由傳統的禁區地位拉高至罰球線上的高位，前鋒則由原先的 45 度角落位至底線三分線位置，顛覆傳統戰術站位的目的在於創造禁區的攻擊空間，進而衍生禁區得分、外線空檔、防守錯位等攻擊機會。進攻區域的聯防行之有效，方法是趁對方立足未穩時組織快速反擊，如果對方已經布置好區域陣型，或己方快攻能力不強，則應採取相應的進攻陣型落位，組織陣地進攻。[6]

　　NBA 做過一份統計，將球場分成三個進攻區域：三分線外、禁區以及禁區外三分線內的中距離區，分析三個攻擊區域每次出手的得分效率值，每次禁區出手可得 1.2 分、三分線 0.95、中距離 0.8，說明高出手效率值為禁區靠近籃框的進攻。而雖然較遠的三分命中率低於中距離，但每次得分都能多一分的狀況下，每次出手得分效益值，三分優於中距離。傳統中鋒站位靠近籃框攻擊確實能得到較高的禁區得分，但是中鋒占據內線空間會迫使禁區擁擠，鋒線球員在切入後攻擊空間將受到壓迫，逼使前鋒必須選擇大量的中距離投籃，無法挑戰投籃效益值最高的禁區做出手。三分線距離的增加，會對選手產生一項新的刺激，誘發選手在投三分球時自主調節提升心跳率，以較高的力量輸出因應

6　譚朕斌 (2011)。進攻區域聯防。臺北市：國家出版社。

距離增加的需求，並會直接影響運動表現的穩定性和精準性。[7]

　　牛角戰術站位將中鋒發動位置拉出禁區能夠增加中鋒三分投籃的機會，最重要的是清空禁區讓鋒線球員大量攻擊，透過持球切入或空手切入挑戰防守空曠的禁區，能為進攻球隊帶來更可怕的破壞力及更高的得分效益，迫使防守方回防保護籃框的情況下，就會產生更多外圍三分線上更大的出手空檔。

　　2015 年中華男籃亞錦賽首戰以 87 比 92 不敵黎巴嫩，當時達欣隊教練邱大宗直言，黎巴嫩整場比賽大量採用的「牛角戰術」是贏球主因，其不斷製造大個子球員外圍投射機會，讓中華隊輪轉防守疲於奔命，也造就黎巴嫩團隊單場三分球 30 投 13 中，以高達 43.3% 的命中率來迎接勝利。面對黎巴嫩猛烈的外線攻勢，中華隊在防守端吃足苦頭，「黎巴嫩自開賽便大量啓用所謂『牛角戰術』，在場上形成大三角或小三角形站位，讓長人在擋拆後不斷拉到外線投射，造成中華隊補防形成漏洞。」[8]

　　《紐約時報》報導指出，根據 Synergy Sports Technology 公司一項為期五年的追蹤研究顯示，NBA 球隊掩護走位 (Pick and Roll) 的整季平均使用率，由 2004-2005 年球季的 15.6% 上升至 2008-2009 球季的 18.6% (Abrams, 2009)。掩護走位為擋拆配合中的主要變化，李鴻棋、楊政盛、徐武雄 (2009) 表示，替控球後衛或主力攻擊手做持（運）球掩護 (On-ball Screen) 的掩護走

7　郭正煜、蔣憶德、王永順、豐東洋 (2010)。三分線距離改變對籃球選手投籃時腦波頻率之影響。大專體育學刊，14(3)，318-327。

8　杜奕君（2015 年 9 月 24 日）。中華隊首戰吞敗 邱大宗：黎巴嫩「牛角戰術」殺傷力大。ETtoday 新聞雲，臺北報導。https://sports.ettoday.net/news/569503。

位或掩護切出 (Pick and Split) 戰術，是世界盃的一種熱門技、戰術。因此，綜合數據、案例，「擋拆」、「空間」、「速度」是牛角戰術能否成功發起的重要因素。

二、牛角戰術的變化運用

由於擋拆本身的實效性，特別是它可以創造出快速突破的機會，有些球隊將它發展成主要的進攻選擇 (Wooden & Nater, 2006)。[9]快速有效的傳切配合，追求的是更多投籃機會、更快的進攻節奏，以及更多的進攻回合和出手次數，拉空內線製造更多的突破機會，比如強側和另一名球員做擋拆配合，而另外三名球員則拉空內線，在弱側透過跑動、空切或在外線等待傳球，以尋求簡單快速有效的得分機會。這種戰術配合更多地依賴於球員的臨場應變能力以及對比賽的辨識能力，而不是幾套固定的戰術。

因此，筆者試圖在現有牛角戰術架構下提出具變化的戰術──「Horns Flare（遠邊掩護）」。（一）當球員在高位牛角 (horns)「位置」，就可做多種不同組合；（二）「切入邊」的選擇，以破壞對方陣型；（三）「掩護」，可虛可實，虛實之間的掌握，輕重緩急的拿捏，爲此，可獲得更多進攻機會；（四）「接球墊步」，筆者要求本校籃球隊隊員須確實做到，戰術的成功往往是球員平日扎實訓練的重要因素之一。

2014 年瓊斯盃國際籃球邀請賽 (William Jones' Cup International Tournament)，中華白隊與日本隊爭奪第五名的比賽中，上半場陷入膠著且落後日本隊，總教練歐第 (Otis Hughley)

9　Wooden, J., & Nater, S. (2006). *John Wooden's UCLA Offense*. Human Kinetics.

安排「Horns Flare」戰術一舉逆轉戰局。戰術能成功，靠的是球員間的體能和拚勁，以及對戰術理解和分球、切入、穿牆的執行能力，透過擋拆、誘使或逼迫，使對方做出己方想要的判斷。戰術適合內線比較單薄的球隊，因為有一個在弧頂這個位置，能投外線、第一步有爆發力、切入後可以自己打掉，又有足夠的判斷和視野可以分球給外側射手的大前鋒。當運用「Horns Flare」，對上此戰術的，只會是慢一步的中鋒。

綜合以上觀點，牛角戰術的變化使用確實可以提高球隊獲勝機會。筆者認為無論怎麼強悍的球隊永遠都有進步的空間，球隊的「訓練」才是戰術成功的基石。中華白隊總教練歐第曾說：「我們第一目標就是幫助球員進步，如果過程中可以贏球當然很好。畢竟我們不只想進步，也想贏球，我們這兩個都要。但首先要務是要先進步，就算要在成績上付出代價也在所不惜。」[10]

10　緯來體育台（2014 年 8 月 11 日）。8/10 激烈對戰功虧一簣 中華白黯然輸球。YouTube。https://www.youtube.com/watch?v=r4_MhCraC5U。

第二章

牛角戰術的基礎技巧

第一節

運球技巧

—

在「牛角戰術」中，運用優秀的運球技巧至關重要，這些技巧是球員在迎擊防守者、保持對球的精確控制並巧妙創造得分機會的基石。讓我們深入探討這些運球技巧的細節，認識它們在這種戰術框架中的多面重要性。

一、控制運球

在「牛角戰術」中，精通運球能力的核心是執行控制運球。這包括將球保持在身體附近，減少失誤的風險，確保球維持在球員的保護範圍內。

圖 5　控制運球

二、變化的節奏

在這個戰術體系中，精通運球技巧的球員明白巧妙地改變運球速度的重要性。能夠毫不費力地從較緩慢、謹慎的運球過渡到快速加速，是利用防守漏洞的關鍵。

圖 6　變化運球節奏

三、交叉運球

交叉運球是「牛角戰術」中的基本招數之一，賦予球員快速改變方向的能力，迷惑防守球員。這涉及到在橫向移動時將球靈活地從一隻手轉移到另一隻手，體現了執行的精確性。

圖 7　交叉運球

四、背後運球

當受到纏防的情況下，精通「牛角戰術」的球員可以使用背後運球。這一舉措充當了一個屏障，保護球，同時實現方向的改變，需要具備細緻和信心。

圖 8　背後運球

五、胯下運球

　　在運球技巧中，熟練的球員使用胯下運球，增加了不可預測性。這種複雜的移動在改變方向時提高了對球的控制，並透過其細緻的執行方式進一步迷惑了防守球員。

圖 9　胯下運球

六、轉身運球

在面對纏防時，轉身運球成為一個強大的武器。這一複雜的機動操作包括快速旋轉，同時保持對球的控制，從而與防守球員拉開距離，需要精確的步伐和對球的處理技巧。

圖 10　轉身運球

七、低位運球

　　保護球免受防守者的嚴密防守，此點至關重要，低位運球便是一個有效的工具。透過將身體置於球和防守球員之間，讓對手極難搶奪球權。

圖 11　低位運球

八、運球細節

　　在「牛角戰術」中，球員將各種運球動作融入其技巧，以迷惑防守者。這些機動操作包括停滯運球、內外變向運球、雙重交叉運球等等，每一種都旨在創造防守漏洞，無論是為了個人得分還是幫助隊友。

圖 12　運球細節

九、讀懂防守

在這種戰術中，運球的高手之一是能夠敏銳地讀懂防守的能力。這包括評估防守球員如何對運球動作做出反應，並迅速做出決策。當防守球員致力於阻止運球者時，這同時能為隊友打開傳球通道，突顯了運球中智慧的一面。

圖 13　讀懂防守

十、運球連接至傳球

「牛角戰術」要求球員在運球和傳球之間實現無縫過渡。球員必須準備在運球過程中執行精確的傳球，無論是迅速傳給空位射手，還是靈活地傳給內線球員攻籃。

圖 14　由運球到傳球

十一、保護運球

球權保護的基本原則是不可忽視的。球員必須利用自己的身體作爲屏障，保護球免受決心搶斷的防守球員之威脅。此外，他們必須在察覺到對球權的潛在威脅時停止運球。

圖 15　保護運球

第二節
各位置運球攻擊策略

一、後衛在牛角戰術中運球的重要性

牛角戰術中的控球後衛在運球方面扮演著核心角色，他們的運球技術與運用可以極大地影響球隊的進攻節奏和效率。控球後衛在運球時，首先需要具備卓越的控球能力和變速能力，以便在緊逼防守下保持穩定的控球。此外，他們需要靈活運用假動作和變向運球，以迷惑對手並創造突破的機會。

在牛角戰術的具體應用中，控球後衛常常利用高位擋拆來創造進攻空間。透過高位擋拆後接球，控球後衛可以選擇運球突破，直接攻向籃框，或者利用變向運球和急停跳投等技術來完成進攻。這一過程中，他們的決策能力和運球技術至關重要，能否成功擺脫防守者往往決定了進攻的成敗。

這樣的技術運用不僅能增加控球後衛的得分機會，還能有效

拉開防線，爲隊友創造更多的空位投籃機會。

二、前鋒在牛角戰術中運球的重要性

在牛角戰術中，小前鋒球員也經常運用左右兩側底角切入攻擊的技術。他們可以從左右兩側底角快速切入，利用速度和靈活性突破防守，直接攻擊籃框。這種攻擊方式能有效拉開防守，爲其他隊友創造更多的進攻機會。

小前鋒球員在高位被掩護後持球攻擊，也是牛角戰術中的一個重要環節。他們可以利用掩護擺脫防守者，隨即持球攻擊籃框，或者選擇急停跳投，增加進攻的多樣性和難以預測性。此外，戰術掩護後的小前鋒球員還能獲得三分機會，他們可以迅速移動到三分線外，接球後直接投籃，爲球隊增加外線得分的機會。

三、中鋒在牛角戰術中運球的重要性

牛角戰術中的中鋒球員在運球突破方面扮演著重要角色，他們的突破技術與運用可以大大提升球隊的進攻效率。中鋒球員在運球突破時，首先需要具備良好的控球能力和快速的第一步，以便有效地擺脫防守者。其次，他們需要靈活運用假動作和變向運球，以迷惑對手並創造進攻空間。

在牛角戰術的具體應用中，中鋒球員常常透過高位擋拆後接球運球攻擊，隨即進行突破。這一過程中，他們可以選擇直線突破，直接攻向籃框，或者運用變向運球和急停跳投等技術來完成進攻。此外，中鋒球員也可以使用手遞手假給球後，運球攻擊籃

框的技術，透過假動作迷惑防守者，並迅速突破至籃下。

在突破過程中，中鋒球員可以選擇下滑至低位，進行單打。這樣的戰術變化能夠有效利用中鋒的身體優勢和技術特點，並透過熟練的運球腳步在籃下製造更多得分機會。

此外，控球後衛、小前鋒球員以及中鋒球員，皆需要具備良好的傳球視野和決策能力。在運球突破的過程中，他們應該隨時關注隊友的位置和防守的變化，適時把球傳給處於更好得分位置的隊友。如此的多樣性和靈活性，使得牛角戰術在進攻中更加難以防範。

總的來說，球員在牛角戰術中的運球突破技術與運用，不僅能提升個人得分能力，還能優化整體進攻戰術，爲球隊帶來更多的勝利機會。透過強化運球技術和戰術理解，使其可以在比賽中發揮更大的作用，成爲球隊進攻端的重要一環。

<h2 style="text-align:center">第三節
傳球在牛角戰術中的價值
—</h2>

籃球中的傳球技巧對於「牛角戰術」的成功至關重要，這是一種戰術進攻體系，通常包括兩名大個子球員站在高位或肘部區域。而傳球技巧的有效性是「牛角戰術」成功的關鍵。

一、牛角戰術中球的移動

牛角戰術中球的移動扮演著極其重要的角色。在籃球比賽中，傳球是將籃球移動的主要手段，而有效的傳球對於創造得分

機會、利用防守失誤以及令對方防守感到不安至關重要。傳球不僅僅是球的持續移動，還包括迫使對方防守進行大範圍和大幅度的調整，從而使得對方防守陣型變得混亂並產生防守失誤。在牛角戰術中，傳球移動更是發揮著不可或缺的作用。這種戰術性陣型通常包括兩名大個子球員站在高位或肘部區域，依賴精確的傳球來創造得分機會並干擾對方防守。

首先，快速而有效的傳球被視為牛角戰術的生命之源。這迫使對方防守球員不斷調整位置、快速轉位，並感受到持續的壓力。造成對方防守陷入混亂，可能導致防守失誤或者出現開放的投籃或上籃機會。其次，牛角戰術中的傳球移動有助於創建場地上的最佳間距。球員必須密切關注隊友的位置以及對方防守的覆蓋範圍，以便找到空隙和開放的路徑。這種間距的建立為射手和切入者提供了更多的空間，讓對方防守更難有效覆蓋所有區域。此外，有效球的移動通常包括將球從場地的一側迅速反轉到另一側。這有助於利用對方防守的輪轉，創造出開放的傳球路徑，並產生高命中率的得分機會。最後，牛角戰術以無私的比賽而聞名。球員必須信任隊友，做出合理的傳球，以找到最佳的得分機會。這有助於建立團隊凝聚力，提高整體進攻效率。

移動進攻就是要不斷地轉移球、橫切和縱切，其威力是無法預料的。這種進攻系統的特點為：

要求所有的球員都要技術全面，在不同的位置上都要有進攻威脅。在三角進攻戰術中，球員被戰略性安排於一個固定的、能夠發揮其特長的位置上，一般認為這種打法是比較實際的，而且也非常有效。在移動進攻中，持球球員僅有有限的幾個傳球機

會，特別是連續的、有層次的機會很少。[1]

二、傳球創造團隊合作

　　傳球對於創造團隊合作至關重要。每支球隊都追求著同一目標：贏得比賽。要實現這個目標，球員必須把個人目標和私人利益放在團隊目標之後，這樣才能確保整個團隊取得成功。在籃球比賽中，五名球員必須密切協作，無論是在進攻還是防守方面，都需要相互合作，確保他們的位置和行動協調一致。

　　傳球在實現這個目標的過程中扮演著關鍵的角色，體現了團隊意識的核心價值。球員需要具備良好的判斷力，知道何時應該傳球，以及何時該保持控球權，這需要對隊友的位置和能力有深刻的理解，以最大程度地發揮他們的優勢。而信任是團隊意識的基石，球員需要相信他們的隊友，在關鍵時刻能夠有出色表現。這種信任有助於打造更強大的球隊。在比賽中，球員需要擁有足夠的智慧，知道何時運球、何時傳球、何時出手。這種決策過程需要建立在團隊意識的基礎上，以確保取得最佳的比賽成績。因此，傳球不僅僅是籃球比賽中的一個動作，更是團隊合作和共同努力的體現，是打造優秀球隊的關鍵因素之一。

三、傳球創造得分機會

　　在籃球比賽中，精確的傳球是創造得分機會的關鍵。無論是內線傳球進行上籃、空中接力傳球還是協調掩護，都可以導致高

1　伍登、納特著，華仲春、陳麗珠、李梁華譯 (2007)。約翰・伍登的 UCLA 大學進攻戰術體系：現代美國籃球進攻戰術理論與方法解析。北京：人民體育出版社，18。

命中率的投籃和輕鬆得分。同時，在快攻中，有效的傳球可以實現從防守到進攻的快速轉換，破壞對手的防守陣型。

「牛角戰術」中的傳球是籃球比賽中創造得分機會的基本手段。這一戰術通常由兩名大個子球員站在高位或肘部區域，而精確的傳球移動是實現其成功的關鍵。有效的傳球是「牛角戰術」的生命之源。迅速而精確的傳球迫使防守方不斷調整，給對方帶來防守壓力，可能導致防守破綻或創造出攻守錯配，最終爲開放的跳投或上籃機會鋪平了道路。在「牛角戰術」中，球員需要敏銳地了解隊友的位置和防守覆蓋範圍，以利用間隙和開放的路線，這種間距提供了射手和切入者的空間。

此外，「牛角戰術」中的傳球鼓勵快速的決策。持球球員有多個選項，例如衝刺上籃、進行中距離跳投、傳球給下滑至禁區的大個子，或者找到大角底線或弱側的空位射手。這種多功能性使對手難以預測和有效應對。總之，傳球在「牛角戰術」中扮演了一個動態且不可或缺的角色。它不僅讓防守方措手不及，還創造了眾多的得分機會，確立了其作爲這一廣泛使用的籃球策略的基本組成部分。

四、傳球攻擊侵略的壓迫防守

在籃球比賽中，傳球攻擊面對防守的壓迫是一個關鍵策略。透過傳球，我們能夠產生多重積極的影響。首先，球的快速移動至關重要，這樣可以讓防守方手忙腳亂。快速的傳球會迫使防守球員不斷調整位置，可能在防守陣型中開啓空隙，或迫使那些緊逼的防守球員撤退。

其次，傳球有助於找到空出的隊友。當一名球員受到嚴密防守時，將球傳給一名空出的隊友可以帶來更好的得分機會。尤其是當對方球隊實施全場或半場的壓迫時，透過傳球能夠幫助打破對方的緊逼。此外，傳球還能更有效地將球送至籃下進行進攻，這將迫使防守方縮小防守範圍以保護籃框。過多的運球在防守壓力下不僅難以推進，還可能導致失誤。因此，透過快速和準確地傳球，我們可以實現更好的進攻效果。

最後，傳球也是有效管理比賽剩餘時間的方法。當防守方採取積極防守時，良好的球的移動能夠在較短時間內創造更佳的投籃機會，這對於在比賽結束前爭取額外得分至關重要。透過這些方式，傳球不僅僅是將球傳給隊友，更是一種智慧和戰術的運用，能夠在面對各種防守壓力時保持進攻的流暢性和效率。

五、無私的比賽

在籃球比賽中，無私的比賽態度至關重要。那些注重傳球而非個人統計數據的球員能夠幫助團隊更具凝聚力和效率。這通常導致球的移動更為流暢、命中率更高，從而提高整體團隊的成功率。在「牛角戰術」籃球進攻策略中，無私的傳球，其重要性不言而喻。這一戰術陣型包括兩名大個子球員站在高位或肘部區域，而精確的傳球在其中扮演了至關重要的角色。球員必須願意迅速且有效地將球在隊友之間傳遞。這種球的移動使得防守方難以喘息，並可能導致空檔、輕鬆上籃或突破機會。有效的球的移動能夠在對方防守中製造混亂。當傳球不斷時，防守方必須不斷調整和適應，這可能導致其防守陣型出現破綻或不合理的對位，從而為高命中率的出手機會敞開大門。這種多功能性使得防守方

難以預測進攻方下一步的動作。團隊凝聚力是「牛角戰術」成功的關鍵。球員需要信任隊友，做出額外的傳球，以找到最佳的得分機會，這有助於提高整體進攻效率和團隊凝聚力。總之，無私的傳球是「牛角戰術」籃球進攻策略的命脈。它不僅讓防守方措手不及，還創造了眾多的得分機會，確立了其作為此一籃球策略之基本要素。

六、創造不對等比賽

在牛角戰術中實現不對等的比賽，是經由巧妙的傳球來實現。使用精確而策略性的傳球，球隊可以破壞對方防守的對稱性，為進球創造機會。巧妙的傳球包括使用各種傳球方式，如反跳傳球、跳過傳球和擲投籃，以使對方防守感到困惑。這些傳球可以迅速改變比賽的走向，並在場地的一側創造出機會。傳球應以不同的角度和高度進行，以尋找移動中的隊友，這會破壞防守陣型，迫使對手調整自己的位置以覆蓋傳球路線。快速的球的移動，以快速且無私地傳球為特點，可以使防守感到困惑。這導致了位置的旋轉和球員移位，通常能創造不對稱或出手機會。巧妙的傳球應該利用場地的弱側。當球移動迅速，並且有射手或切入球員位於弱側時，它迫使防守擴展和覆蓋更多範圍，這可能導致開放的出手或突破機會。持球球員可以突破防守，然後將球傳給外線的開放射手，這迫使防守方坍塌，使射手在邊線或底線位置上留下空位。沒有球的球員可以使用空手走位和切入來找到場地上的開放區域，巧妙地傳球給這些球員，使他們能夠利用這些開放區域，使防守難以保持對稱。

從防守迅速過渡到進攻，並在快攻時進行精確傳球，可以使

對方防守感到失衡，這是創造不對稱情況並利用對手缺乏防守結構的絕佳機會。透過持之以恆地應用這些策略並強調牛角戰術中的巧妙傳球，一支球隊可以破壞防守的對稱性，創造開放的出手機會，並增強他們的進球機會。在快攻機會中，快速而準確地傳球十分重要。過渡籃球可以改變比賽的結果，並且通常是由一個位置得當的傳球開始的，以引領隊友站在有利的位置進行輕鬆得分。傳球創建場地空間，它迫使防守球員須同時防守持球球員和潛在的接球球員，因此打開了運球通道，並有助於創造開放的投籃位置。在像籃球這樣動態和快節奏的運動中，傳球讓球員能迅速適應場上變化。球員必須讀懂防守，做出瞬息萬變的決策，並相應地調整傳球，這保持了比賽的流暢性和變幻多端。出色的傳球體現了良好的運動精神，它展現了對隊友、對手和比賽本身的尊重，也為其他人展現光芒提供了機會。

　　總之，在「牛角戰術」進攻體系中，傳球技巧是球隊成功的基石。傳球促進了球的移動、創造得分機會，並體現了團隊合作的精髓。在像籃球這樣動態和快節奏的運動中，掌握傳球藝術對於取得卓越成就是極其重要的。

第四節
牛角戰術創造更多投籃機會
一

　　在牛角戰術中，Horns Set（牛角站位）所引發的投籃機會是無可比擬的。透過理解各種投籃方式，包括三分球、中距離投籃、低位進攻和內線得分，球隊可以戰略性地利用 Horns Set 提升其進攻表現，從而讓對手難以預測。

Horns Set 以其創造多樣化投籃機會的能力，成爲籃球戰術領域中追求進攻卓越的寶貴資產。在牛角戰術中，通常有兩名大個球員站在高位或肘部區域。這種位置迫使防守方拉伸並覆蓋這些球員，從而在外線開闢空間。

牛角戰術中的球員運動涉及從中心點分散的動作。這種運動方式在球員之間創造了間隔，使防守方感到困擾，從而讓投手找到場地上的開放空間。球員需要敏銳地意識到隊友的位置和防守覆蓋範圍，這種了解使他們能夠利用場地上的空隙和開放路徑，爲投手和切入者提供了空間，使防守方難以有效覆蓋球場上的所有區域。

牛角戰術鼓勵迅速做出決策。球員有多個選擇，包括衝刺上籃、中距離出手、傳球給下滑至禁區的大個子，或者找到底線或弱側的開放射手。這種迅速的決策讓防守方措手不及，進而創造了空間。

牛角戰術通常會迫使防守方做出調整。隨著防守者對運動和動作的反應，進攻球員可以利用產生的失衡，並找到開放的空間，爲投手提供高品質的出手機會。其中一名大個子球員可以設置一個高位掩護，然後迅速移動到三分線進行射擊。這個動作利用了防守方在離開禁區時的猶豫，使射手能夠充分利用開放的機會。牛角戰術通常能將球從球場的攻擊強側移動到另一弱側，這可以爲弱側的三分射手創造機會，因爲防守球員的移動可能慢於對射手移動到開放空間的封堵。

第五節
擋人技巧
—

　　站在高位或肘部區域的兩名大個子球員必須善於掩護擋人。正確的擋人技巧和時機，對釋放外線球員以取得開放投籃或切入籃下的機會至關重要。這需要球員了解如何判斷防守來設定掩護擋人角度，以最大程度地幫助隊友。被擋人或無球跑動的球員應該善於利用掩護擋人者的動作來切入，在沒有球的情況下移動，以尋找投籃機會或爲隊友創造機會。此點需要球員具備出色的解讀防守和空間感知能力。

第六節
解讀防守
—

　　無論是掌控球權的球員還是無球的球員，都應該具備出色的決策能力。他們必須閱讀防守陣型，選擇正確的選項（突破、投籃、傳球）並適應局勢，這需要智慧和運籌帷幄的能力。在場地上保持適當的進攻間距對牛角戰術的成功十分關鍵。球員需要了解如何定位自己，以創建傳球通道並避免攻擊位置重疊，從而確保進攻有足夠流暢運行的空間。場上球員對於解讀防守站位的對應進攻方式必須有共識，對於防守的變化也需要有足夠默契應對，以確保每個人都在同一個攻擊戰略思維上，這有助於避免混亂並提高戰術的成功機會。球員和球隊應該具有適應性，因爲牛角戰術可以根據防守的反應和具體比賽情況進行調整。這需要球員具備靈活性，能夠迅速適應不同的局勢。

第三章

牛角戰術與動作解析

第一節
基本戰術站位
一

在進攻端，「牛角戰術」的陣型具有幾項優勢。首先，這種位置的配置能夠創造空間，兩名站在肘區高位的球員清空禁區，拉開對方防守，為其他球員製造機會，不論是外線投籃還是內線切入，都有更多的發揮空間。其次，不同功能的球員站在肘區提供了多種進攻選擇，由於兩名球員站在高位，球隊可以透過內外線的空手切入、傳球、切入，或者直接進攻籃框展開攻勢，增加了進攻的多樣性，讓對手難以預測下一步動作。然而，從防守端來看，「牛角戰術」也可能造成幾個問題。首先，這種配置可能使得防守方在適應球員位置時產生混淆，因為兩名高位球員與傳統站位大不相同，所延續的移動和傳球可能讓防守者感到困惑或不習慣，導致防守輪轉位置錯亂，這種陣型也可能為內線防守帶來困難，兩名球員站在肘區高位，使得內線防守者必須棄守籃下，趨前看守兩個正在掩護或投籃的進攻球員，這將會造成內線補防或保護籃框的防守壓力，使得防守端需要更多的調整和移防距離，導致防守失誤。「牛角戰術」在進攻端帶來了多樣化的優勢，同時也造成防守端的困擾和問題，是一個從初階到高階都可以使用的籃球進攻戰術體系。

「牛角戰術」基本位置的優勢

一、高位視野是「牛角戰術」的一大優勢。兩名球員站在場上的高位，他們所擁有的全局視野能夠一覽全場，這為他們提供了更清晰的視野，能夠更好地觀察球場上其他球員的位置、動態以及整體局勢。這樣的視野優勢讓這兩名球員能夠做出明智的傳球決策，以找到隊友的空檔位置，並有更多選擇能夠進行進攻，

可以更有效地協助球隊在進攻端創造得分機會。

　　二、多樣的進攻選擇是「牛角戰術」的一個關鍵優勢。兩名球員站在高位，他們擁有多元的進攻選項，可以選擇傳球給內線球員以進行內線進攻，也可以選擇傳球給外線射手進行三分球或中距離跳投，甚至進行個人進攻。這樣的多樣性使得對手難以準確預測球員下一步的動作，因為兩名球員在高位的靈活性和選擇性，讓他們可以根據局勢即時做出不同的進攻決策，從而讓球隊的進攻更加具有變化和深度。

　　三、創造空間：「牛角戰術」中的位置安排有助於拉開對方的防守，進而創造出內線和外線的空間。這樣的空間讓球員有更多的機會進行出手或突破，有效地增加了得分的可能性。藉由高位的站位，兩名球員能夠引誘防守者離開禁區，打開內線空間，射手在兩邊底角同時也拉開外線區域，使外線射手有更多投籃的空檔。這樣的空間創造不僅增加了得分機會，還為球隊的進攻提供了更靈活的選擇，也讓防守球員彼此防線間距擴大而難以互相協防。

　　四、牛角戰術的基礎：在牛角戰術中，高位肘區的兩位球員扮演著非常重要的角色。他們需要不斷地做出判斷，並在掩護持球者、下滑攻擊禁區、拉開投射三分、策應傳球助攻等工作中扮演不同的角色，以協助牛角戰術的進攻進行。這兩名球員的動作和協同作戰對於戰術的成功至關重要。牛角戰術的基礎是建立在這樣的位置配置上。兩名球員在高位肘區的位置是牛角戰術的基石，他們擔任球隊進攻的引擎，透過高度的視野和多樣的進攻選擇，為球隊創造機會。他們的位置和協同作戰是這項戰術成功的基礎，使得球隊能夠迅速做出反應、適應對手防守，並建立出多層次、多變的進攻策略。因此，這兩名球員的協同作戰和高位配置是牛角戰術在球場上發揮作用的重要要素。

第二節
擋拆進攻組合
一

　　在「牛角戰術」中，擋拆組合（Pick and Roll，簡稱 P&R）是一種多功能且有效的戰術，能夠以多種方式執行，使防守方難以預測。以下是牛角戰術中的挑擋與掩護的各種進攻變化。

一、標準擋拆組合：這是基本的擋拆組合戰術，其中一名高大球員（通常是中鋒或大前鋒）爲控球者（通常是控球後衛或得分後衛）設置一個掩護 (pick)。控球者隨後利用掩護進行上籃或跳投，同時，設置掩護的球員順勢落位到籃下，準備接球。

圖 16　標準擋拆

二、雙重擋拆組合：在這個變化中，兩名高位球員同時爲控球者
　　設置掩護。這會讓防守方感到困惑，因爲他們必須決定要防
　　守哪個掩護，而控球者可以根據防守反應做出最佳選擇。

圖 17　雙重擋拆

三、掩護後拉開 (Pick and Pop)：在這種變化中，設置掩護的球員（通常是一名能夠出色投籃的拉伸大前鋒）不是落位到籃下，而是迅速走到三分線外進行跳投，如果防守球員協防或轉換防守，這會為跳投者提供高命中率的得分機會。

圖 18　掩護後拉開

四、假擋下滑：在這種變化中，設置掩護的球員設置掩護後迅速
　　滑向籃下，而不是與防守球員接觸。這可以出其不意，爲控
　　球者創造傳球通道，以快速傳球給滑動球員。

圖 19　假擋下滑

五、掩護與低位進攻：在這種變化中，設置掩護的球員設置屏障後迅速在低位建立位置，尋找低位進攻機會。當控球者是一位出色的傳球手並能夠在有利位置傳球給低位球員，同時單打球員具備低位攻擊優勢時，這種變化尤其有效。

圖 20　掩護與低位進攻

六、掩護與切入：設置掩護的球員在設置屏障後立即切向籃下。
　　這可以使防守方感到困惑，創造背部切入的機會，進一步提
　　供易於上籃的途徑。

圖 21　掩護與切入

　　　　這些只是在牛角戰術中執行挑擋與掩護的幾個例子，展示
了它的適應性和多功能性。要選擇使用哪種變化取決於球員的技
能，以及對手球隊的防守策略。

第三節
Hand Off手遞手組合
一

在牛角戰術中，啓動中高大球員站在接近弧頂的位置，因此「遞球」(Hand Off) 在這個戰術中扮演著重要的角色，它可以有效地創造出多樣化且具有欺騙性的進攻機會。這種戰術涉及到球員之間的快速、接觸式傳球，其中一名球員直接將球傳給另一名球員，通常發生在場上的高位或肘部區域。當球隊擁有一位優秀的高位策應時，這種手遞手的傳球在牛角戰術中具有關鍵性作用。

手遞手的傳球在籃球進攻中具有重要性，原因如下：

一、快速球移動：手遞手的傳球促進球員間的迅速傳遞，這種快速的移動讓防守方難以預測下一步動作，甚至無法判斷持球主要攻擊手是誰。這些傳球有助於在球場上創造空間，迫使防守方調整陣型，通常會產生投籃或向籃框進攻的機會。

二、干擾防守結構：手遞手的快速傳球干擾了防守結構，迫使防守者不斷重新定位和適應變化的球移動，可能導致防守失誤。

三、保持進攻節奏：球傳遞速度的加快，使持球者能夠一直保持攻擊狀態，高效的手遞手傳球有助於保持進攻的節奏。

四、增加進攻選擇的多樣性：這些傳球透過迅速在球員間傳遞球，增加了球隊的進攻選擇，爲各種投籃或進攻籃框的機會提供了可能。

五、減少失誤：團隊進攻中手遞手的傳球快速且精確，減少了球在某一球員手中停留的時間，提高了進攻的整體速度，並減少失誤。

　　總之，手遞手的傳球對於動態和有效的進攻策略十分重要。它促進了持續的球移動，干擾了防守陣型，並透過迫使對手不斷調整防守位置而創造得分機會。

　　籃球戰術系統不斷演進，但許多基礎元素始終未曾改變。其中，「Pinch Post」是一種從傳統三角戰術到現代牛角戰術，橫跨 NBA 30 支球隊的經典團隊走位。[1]

　　牛角戰術是一種流暢的進攻戰術，它需要球員們在進攻端的不同位置上進行快速的傳球和移動，以創造出空間和得分機會，該戰術通常由兩個大前鋒、兩個小前鋒和一位後衛組成，它們按照特定的方式排列在球場上。

　　在牛角戰術中，球員們通常會在前場的兩側形成一個倒三角形，控球後衛位於三角形的頂部，兩個大前鋒位於三角形的底部，兩個小前鋒位於三角形的兩側。球員們會透過傳球和移動，不斷地改變位置，以創造出得分機會。

　　在牛角戰術中，控球後衛通常會擔任組織者的角色，他們會透過傳球和控球來引導進攻。當控球後衛傳給一個大前鋒時，他會向前移動，與另一個大前鋒形成一個屏障，為小前鋒創造出空間，小前鋒可以透過運球或傳球來攻擊對方籃框。

　　如果對方防守過於緊密，球員們可以透過反向傳球來打破對方防線，例如，當一個小前鋒被包夾時，他可以傳球給另外一個小前鋒，後者可以利用空間來得分。

　　另外，球員們還可以透過快速移動和傳球來打亂對方防

1　運動視界。上網日期：2024 年 8 月 15 日，https://www.sportsv.net/articles/2266。

線，例如，當一個小前鋒向籃框移動時，他可以傳球給另一個小前鋒，後者可以從另一個角度攻擊對方籃框。

　　牛角戰術可以讓球員們更好地合作。球員們需要不斷地傳球和移動，才能創造出得分機會，這意味著他們需要密切合作才能成功執行該戰術。牛角戰術需要球員們具備一定的心理素質，在比賽中冷靜和集中注意力，以避免出現失誤。

　　總之，牛角戰術可以讓進攻更流暢，更能夠創造空間和機會，讓球員們充分發揮自己的特長，並且需要球員們密切合作，克敵制勝。[2]

2　5 打 5 籃球進攻戰術牛角。上網日期：2024 年 8 月 15 日，https://www.nbadraft.cn/baike/39539.html。

第四章

教練傳授牛角戰術實務

第一節

牛角戰術拆解訓練法

在籃球中，牛角戰術是一種常見的進攻戰術，主要用於增加空間、創造機會並引導球員進行有效的進攻。在這種戰術中，兩名大前鋒或中鋒通常會在罰球線附近的兩側站位（形狀像牛角），而其他球員則圍繞這些位置進行運作。以下是牛角戰術的拆解訓練法，包括其戰術結構、動作拆解、訓練方法和應用技巧。

一、戰術結構

牛角戰術的基本結構

1. **牛角位置**：兩名內線球員（通常是大前鋒或中鋒）站在罰球線的兩側。
2. **外圍球員**：外線球員（如控球後衛和小前鋒）站在底角和弧頂的位置。

二、動作拆解

（一）起始位置和配合

1. **內線球員**：兩名內線球員在罰球線兩側，確保他們的站位不重疊，並保持一定的距離以拉開空間。
2. **外線球員**：外圍球員分布在弧頂和底角，提供外圍投射和空間拉伸。

（二）球的移動

1. **控球後衛**：通常是戰術的發動者，他可以從弧頂發動進攻，也

可以選擇傳球給內線球員或進行突破。

2. **內線球員的配合**：內線球員可以進行擋拆 (Pick and Roll) 或擋人 (Pick and Pop)，以幫助外圍球員擺脫防守或創造進攻機會。

（三）擋拆和換位

1. **擋拆**：一名內線球員向控球後衛或外圍球員發動擋拆，並在擋拆後進行切入或換位。這樣可以幫助創造投籃空間或進攻機會。

2. **換位**：內線球員在擋拆後移動位置，另一名內線球員可以嘗試接球進行投籃或傳球。

（四）外圍球員的動作

1. **外線投籃**：當內線球員吸引了防守時，外圍球員可以得到空位投籃的機會。

2. **突破和切入**：外圍球員可以利用擋拆創造突破機會，吸引防守後進行切入。

三、訓練方法

（一）基本動作訓練

1. 訓練球員熟練掌握擋拆技巧，包括如何有效地進行擋拆以及如何在擋拆後迅速做出反應。

2. 練習內線球員的站位和切入動作，確保他們能在合適的時間做出正確的動作。

（二）戰術模擬

　　透過實戰模擬演練，讓球員在不同的防守壓力下熟悉戰術運行。這包括如何應對對方的防守策略，以及如何利用牛角戰術的優勢。

（三）影片分析

　　使用比賽和訓練的影片來分析球隊和對手的戰術運行，幫助球員理解如何在實戰中運用牛角戰術。

（四）角色分配

　　確保每個球員都了解自己在牛角戰術中的角色和責任，並進行相應的訓練和適應。

（五）反饋與改進

　　定期進行反饋和分析，根據實際情況調整戰術細節和球員動作，以達到最佳效果。

四、應用技巧

（一）**靈活性**：牛角戰術的關鍵在於靈活運用擋拆和換位，球隊需要根據對方防守的變化進行調整。

（二）**空間創造**：透過擋拆和內線球員的站位，創造外圍投籃和突破的空間。

（三）**迅速反應**：球員需要快速反應對方防守的變化，並根據實際情況進行有效的攻擊。

　　透過系統化的訓練和實戰演練，可以有效提高球隊在使用牛角戰術時的默契和效率。

一般常用的牛角戰術基本步驟爲：

第一，基礎技術訓練：課程開始時，將注重球員們的基礎技術訓練，包括持球、傳球、運球、投籃等基本技術。這些技術將爲後續的牛角戰術培訓打下基礎。

第二，牛角戰術概念介紹：在球員們掌握了基礎技術後，將介紹牛角戰術的基本概念和原理，包括位置安排、角色分配等。球員們將了解牛角戰術在比賽中的作用和重要性。

第三，牛角戰術訓練：接下來，將進行牛角戰術的具體訓練，從兩人組合到四人組合逐步進行。球員們將學習如何在不同組合下進行快速傳球、移動和進攻，並尋找得分良機。

第四，實戰模擬訓練：最後，將進行實戰模擬訓練，讓球員們在比賽場景中應用所學的牛角戰術。透過模擬比賽情境，球員們將學會如何在實際比賽中運用牛角戰術，提高戰術執行能力。

第二節
牛角戰術的教學重點與機會
—

一、進攻半場人盯人防守戰術的基本要求

（一）團隊戰術應就球員的組成與條件進行設計，創造團隊攻擊最佳化。

（二）組織團隊進攻須具備空間觀念，戰術跑動必須解讀防守團隊與個人站位而決定攻擊方式。

（三）團隊進攻中，未持球隊員相互配合，有目的地連續走位、掩護、策應、擺脫，內外結合，強調進攻中的判斷力和機

動性。

（四）持球球員必須有三重威脅姿勢來突破防守。

（五）組織進攻的同時，要設定積極搶奪進攻籃板球員與退防安
全員。

二、牛角戰術的教學重點

中鋒發動至高位：牛角戰術最大特色就是顛覆高大中鋒占據
禁區的傳統攻擊方式，牛角戰術將高大球員發動位置拉至禁區外
的發球線兩端，同時將防守的內線球員吸引出禁區，使得鋒線球
員能具有以下優勢及機會：

（一）進攻空間優勢

雖然現今掀起一波三分線進攻的風潮，但靠近籃框的禁區進
攻無疑仍是進攻時命中率最高的攻擊選擇。牛角戰術的站位顛覆
過往高大球員霸占禁區空間造成進攻路徑的壅塞，利用擴大進攻
者的站位使得防守方禁區暴露在容易被突破攻擊的狀態中，藉由
內線球員啟動站位遠離禁區而將內線防守球員帶離。這樣的進攻
站位能有效避免球員攻擊區域與進攻路徑重疊，拉大團隊攻擊範
圍，使得防守方孤立於防守位置而不易相互協防，為鋒線球員提
供更多元廣闊的進攻空間，進而讓團隊進攻更具破壞力。

（二）中鋒外線機會

歐陸七尺長人顛覆了「長得高，長距離投籃不會好」的
迷思，代表人物有 NBA 獨行俠隊的「德佬」諾威斯基 (Dirk
Nowitzki)，其翻身中距離以及三分線能力具有射手水準，現今
中鋒具備長距離與三分投籃能力已然成為基本要求。中鋒具備外

線攻擊能力將造成防守困擾，進一步擴大防守的站位而導致禁區無人看管，不管就中鋒個人能力提升或戰術執行時的選項與空間而言，無疑對球隊都是大利多。

（三）中鋒傳球視野

傳球助攻一直被視爲是控球後衛的責任，但團隊戰術若僅由一名球員作爲傳球發動者會稍嫌單調，也容易被防守預測。牛角戰術中鋒啓動站位於罰球線位置，此處稱之爲高位。高位持球位於團隊攻擊位置的中心點，如同防守的心臟要害，具備極佳傳球視野和距離，能與禁區形成中鋒高低位組合，也能利用面框運球突破吸引前鋒防守的協防進而創造外線射手的三分空檔。因此，中鋒位於牛角戰術的高位，將有利於成爲場上的第二個戰術發動樞紐。

（四）前鋒拉大空間至底角

牛角戰術中鋒占據高位，爲取得空間上平衡，鋒線球員發動拉至兩側大角位置，與大部分戰術中前鋒球員占據兩側 45 度角作爲發動據點截然不同。這樣的站位目的在於將防守範圍擴至最大，使得團隊防線間距擴大而不易相互協防，進而使場上每名進攻球員皆有足夠的攻擊空間與路線。

（五）前鋒外線機會

NBA 勇士隊帶動三分狂轟的攻擊方式，這樣的攻擊方式改變了內外線出手的比重，三分線出手次數大幅度增加，所以外線命中率牽動比賽最後的勝負。牛角戰術前鋒球員發動位置於兩側底線，此位置一則牽制防守球員無法協防，二則該位置爲三分線上離籃框最近的位置，牛角戰術前鋒發動位置處於該處，將爲防

守帶來極大的壓力。

（六）前鋒空切機會

　　牛角戰術發動時高大中鋒位於遠離籃框的高位，前鋒球員位於球場的兩側大角，距離籃框最近的禁區被淨空，這樣的空間提供戰術上的後擋機會與空手突破。在機遇戰中球員能有效判斷防守者喪失得力位置而進行突襲式的後門得分，這樣的攻擊方式一旦突破第一防線禁區將門戶大開，得分命中率非常高。[1]

三、牛角戰術的機會

（一）Horns Down

圖 22 Horns Down

圖 22-1　站位與機會一　　圖 22-2　機會二　　圖 22-3　機會三、四

　　傳球給拉出至左側 45 度的 4 號，1 號空手跑動至右側底線，5 號下擋 2 號跑至禁區。

1　李伯倫、呂允在、葛記豪、盧譽誠 (2019)。籃球進攻戰術之介紹──牛角戰術。國立臺東大學體育學報，30，72-73。

1.機會一：4 號傳球給 2 號投籃，擋完人 5 號至頂點速接機會。
2.機會二：快速轉移球，4 號傳給 5 號，5 號傳給移動至右側 45
　度的 1 號，4 號利用 2 號擋人至禁區接 1 號傳的球投籃。
3.機會三：5 號下擋 2 號，2 號拉出至頂點投籃。
4.機會四：5 號下擋完下滑至禁區投籃。

（二）**Horns Out**

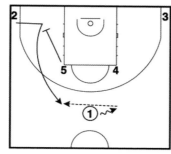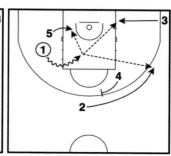

圖 23　Horns Out

圖 23-1　機會一　　　　　圖 23-2　機會二　　　　　圖 23-3　機會三、四、五

1.機會一：三分球機會，1 號往右側運球移動，同時 5 號下擋 2
　號至左側 45 度投籃。
2.機會二：2 號往右側移動，1 號利用 4 號後擋及 5 號下擋至左
　側三分線內投籃。
3.機會三：1 號持球突破禁區，同時 5 號搶到禁區機會投籃。
4.機會四：3 號走底線後門投籃。
5.機會五：三分球機會，2 號利用 4 號擋人後產生右側三分線空
　檔投籃。

（三）**Horns Shoot**

圖 24　Horns Shoot

圖 24-1　機會一　　　　　圖 24-2　機會二、三　　　　圖 24-3　機會四

　　牛角站位 2 號、3 號拉到大角，4 號、5 號上至罰球線兩側，形成牛角站位。1 號向右側運球與底線的 3 號做運球遞手傳球（Dribble Hand Off，簡稱 DHO），同時 5 號與 4 號向左雙擋左側底線的 2 號。

1. 機會一：1 號運球至右側 45 度，2 號利用 4 號、5 號的雙擋跑到頂點投籃。
2. 機會二：若 2 號無法投籃，即運球切入禁區，傳給擋完人下滑到禁區的 5 號投籃。
3. 機會三：或傳球給擋完人拉出至左側 45 度的 4 號。
4. 機會四：當機會一被協防球員 X4 阻斷時，擋完人的 4 號即可拉出至左側 45 度投籃。[2]

2　李伯倫、呂允在、葛記豪、盧譽誠 (2019)。籃球進攻戰術之介紹——牛角戰術。國立臺東大學體育學報，30，73-75。

第三節
從傳統三角戰術看現今的牛角戰術

——

　　籃球戰術系統一直都在演進變化，但是很多基礎的元素總是亙古不變。三角戰術 (Pinch Post) 就是一個從傳統三角到現代牛角戰術的演化，整個 NBA 聯盟 30 支隊伍都在運用此戰術的作戰走位，已成為一種普遍的現象。

　　其實，「三角戰術」存在已久，三角進攻概念最早提出者是美國山姆・貝瑞 (Sam Barry, 1892-1950)，而後由泰斯・溫特 (Tex Winter, 1922-2018) 發揚此一概念，並將此概念傳授給當時還是球員的菲爾・傑克森 (Phil Jackson, 1945)。之後菲爾・傑克森從球員退休成為教練，先後在公牛隊、湖人隊締造了三次 3 連霸、一次衛冕，共拿下 11 座 NBA 總冠軍。因此，三角戰術也在眾球員使用率高的高曝光度下，成為全球耳熟能詳的籃球進攻戰術。在「三角戰術」裡面，是指在每一次組織進攻中，都必須在持球的強邊 (ball side) 搭起一座三角形作為球員進攻走位，進而再延伸出一系列攻擊變化的進攻戰術。

　　然而，當此一戰術常用於強邊三角都沒有機會的時候，作為弱邊 (weak side)，強弱轉換便是最關鍵的中繼點。以要把籃球放進對方的籃中才算成功得分為目標，所以有球的球員是最主要的，弱邊則為防守，弱邊要輔助強邊、幫忙搶籃板把球守住，才能增加得分機率，所以握有球的一邊當然要很小心才行。以往「重攻輕防」的概念早已被人所拋棄，取而代之的是「贏球靠防守，表演看進攻」，以及「進攻好能得分贏球」、「同時防守也

好才能奪冠軍」。[3]因此，三角戰術也不代表僅這三個人在進防，其他人都只在等待持球的時刻。畢竟防守的重心也同樣都放在這個地方，當三個點都被盯守住時，尤其是低位的進球機會不多的時候，弱邊的兩個人就是球隊的一線曙光。

戰術概念在籃球戰術理論中又被賦予了特定含義。籃球戰術是籃球比賽中隊員和隊員之間有策略、有組織、有意識的協同，這種用技術進行攻守對抗的布陣行動，是以籃球技術爲基礎，在一定的戰術指導思想和戰術意識支配下的集體攻守方法。全體隊員爲戰勝對手而合理運用技術，相互協調配合和組織整體配合所採取的合理有效的計謀和行動。[4]

三角戰術雖然爲許多球隊所使用並證明其價值，但溫特曾言：「三角進攻需要犧牲，對於那些年輕球星而言，他們最關注的還是自己的數據，所以三角進攻並不適合年輕球隊。」溫特還以公牛隊 (Chicago Bulls) 爲例，稱「喬丹 (Michael Jeffrey Jordan, 1963-) 也是在多次的季後賽被底特律活塞隊 (Detroit Pistons) 羞辱後，才勉強同意接受三角進攻，儘管他並不喜歡這些東西，但爲了不再蒙羞，他只能做出改變，喬丹在多次受辱後才肯接受三角戰術。事實上，即使喬丹多次受辱，但在推廣三角進攻之初，他還是念念不忘得分王頭銜，他曾告訴傑克森：『我同意減少控球，但我算了一下，只要我每節得 8 分就照樣能拿得分王』。偉大如喬丹尚且對數據如此眷戀，何況是年輕的球

3　周殿學 (2011)。人盯人防守。臺北市：國家出版社。

4　施澤 (2015)。NBA 進攻戰術流派與平面動畫演示研究。西安市：陝西師範大學。

員。」[5]

　　三角進攻講究球員之間的平衡，而平衡的前提就是王牌球員必須為隊友做出犧牲，畢竟這個球場上瞬息萬變，沒有真正能治百病的妙藥。三角戰術正如溫特所言有其缺點，就是會壓縮控衛的個人表現。時任超級籃球聯賽 (Super Basketball League, SBL) 達欣工程總教練邱大宗說：「傑克森三角戰術的起點是從中鋒開始發動，這套戰術會減少控球後衛的持球時間，也意味控衛的數據當然不會漂亮。這套戰術必須有個全能的強力中鋒，當他持球時不管從哪個位置來看，都會形成三角形，如果對方不包夾，中鋒 1 對 1 打掉；若對方縮小防守，他就傳球轉移，由鋒線來突破進攻。這套戰術也有缺點，當中鋒持球時近邊空間很小，鋒線球員要有很好運球與急停跳投能力，就像喬丹或柯比 (Kobe Bryant, 1978-2020)，否則下球就會被包夾、掉球；如果中鋒沒有單打能力，又怕近邊球員運球失誤，就只能把球轉移到遠邊，這樣對手很容易就能預測到傳球路線。」[6]

　　三角戰術的核心是確保五名球員在場上保持固定位置，並創造足夠的空間來進行快速傳球，使每個球員都能隨時與隊友協作。這一戰術的布局包括中鋒在低位、前鋒站在側翼、後衛位於角落，形成邊線上的三角形。另一名後衛則位於罰球區，另有一名前鋒站在弱側的高位，與後衛組成搭檔。每一次進攻和傳球都有明確的戰術目的，成功的關鍵在於突破對方防守。[7]

5　LEBRONING（2014 年 3 月 28 日）。禪師的三角戰術為何沒有傳人。看板 NBA。https://www.pttweb.cc/bbs/NBA/M.1395978902.A.8DB。

6　龍柏安（2016 年 5 月 22 日）。三角戰術中鋒發動沒喬丹 Kobe 別玩。蘋果日報。

7　維基百科—三角戰術。上網日期：2024 年 8 月 15 日，https://zh.wikipedia.org/wiki/%

　　綜合以上所述，三角戰術在「球員能力、球員個人表現、球員熱衷數據、資淺球隊、教練的掌隊能力」等因素下，會讓此一戰術發揮不了實質作用。因此，作為球隊的教練，針對不同的對手進行戰術的布置是基礎，能夠完美地布置戰術則是球隊取勝的關鍵。故，尋求一個針對讓球場上每一位球員都能發揮作用的戰術是刻不容緩的。而三角戰術演化而來的牛角戰術 (Horns Offense)，從原本三人走位、擋拆擴及五人，多數戰術的發起幾乎都靠擋拆來實現，「擋」與「拆」結合得漂亮，戰術能打出來，得分就會變得很容易。

　　當然，牛角戰術也要靠擋拆來發起。擋拆戰術是進攻隊員採取合理的身體動作，用自己的身體擋住隊友防守者的移動路線，使隊友得以擺脫防守，創造接球投籃或進攻機會的戰術方法。[8]所以，球隊戰術會影響整個球隊在場上的比賽表現和攻防過程，是取得勝利的法則。正所謂，兵無常勢，水無常形。《孫子兵法》〈始計篇〉曰：「兵者，詭道也。故能而示之不能，用而示之不用，近而示之遠，遠而示之近。利而誘之，亂而取之，實而備之，強而避之，怒而撓之，卑而驕之，佚而勞之，親而離之，攻其不備，出其不意。此兵家之勝，不可先傳也。」[9]球場如戰場，誘敵、尋敵漏洞，以強攻弱，克制對方戰術，是籃球戰術之精髓。

E4%B8%89%E8%A7%92%E6%88%B0%E8%A1%93。

8　許晉哲 (2004)。籃球技戰術報告書──再興中學為例（未出版碩士論文）。桃園市：國立臺灣體育大學。

9　徐瑜 (1983)。不朽的戰爭藝術：孫子兵法。臺北市：時報文化公司。

第五章

世界牛角戰術

第一節
國際牛角戰術
一

　　隨著籃球比賽在全球的普及，戰術的發展和應用也變得更加多元化。其中，牛角戰術 (Horns Offense) 作為一種經典而高效的進攻策略，已經在國際籃壇中取得了廣泛的認可和應用。這種戰術透過巧妙的布局和靈活的變化，不僅在美國職業籃球聯賽 (NBA) 中大放異彩，更在國際比賽中成為許多強隊的首選進攻方式。特別是在歐洲籃球中，禁區高大球員具備投射三分球的能力，成為牛角戰術的重要要素，進一步增強了這一戰術在空間上的多樣性和威脅性。在這一章中，我們將深入展示國際上牛角戰術的戰術路線，以及球員各司其職在比賽實戰應用中的得分機會。

一、3 Pipe

Frame 1　　　　　　　　　　Frame 2

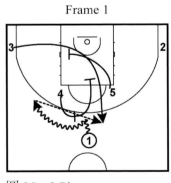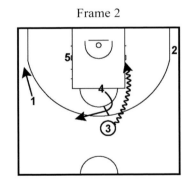

圖 25　3 Pipe

《圖 25-1》

－1 利用 4 的高位擋人突破至 45 度角

－接著 4、5 下擋，3 利用掩護跑至頂點

*1 觀察在禁區擋完人的 4 或是跑出來的 3 之外線機會

《圖 25-2》
－如果 3 接球沒有出手，4 再上來與 3 做擋拆組合
*3 突破攻擊，4 擋完外拉

二、A Set Loop Pick

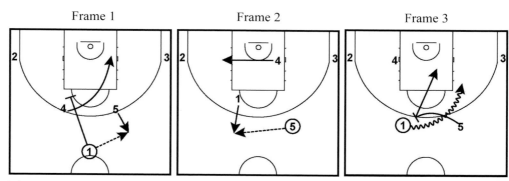

圖 26　A Set Loop Pick

《圖 26-1》
－5 外拉接球
*1 傳完球下擋 4，利用掩護往籃框空手切

《圖 26-2》
－4 若沒機會，則拉到弱邊低位
－1 外拉接球

《圖 26-3》
－5 對球擋，與 1 進行擋拆組合
*1 突破攻擊，5 擋完下滑

三、A Set Zipper Pick and Pop

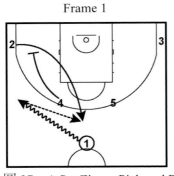

圖 27　A Set Zipper Pick and Pop

《圖 27-1》

－1 運球至 45 度角

－4 下擋 2，利用掩護跑至頂點接球，5 外拉接球

《圖 27-2》

－2 一接到球 5 馬上對球擋，兩人進行擋拆組合

*2 突破攻擊，5 擋完後外拉

四、ACB：Double Drag

圖 28　ACB：Double Drag

《圖 28》

－2、3 落位至底角

－5、4 進行雙堆積擋，擋完後 5 下滑、4 外拉

*1 運球突破，尋找 5 下滑的機會或是 4 在高位與低位的配合

五、**Barcelona Hand Off**

Frame 1　　　　　　　Frame 2　　　　　　　Frame 3

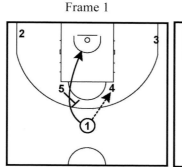 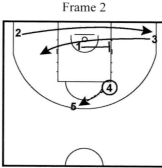 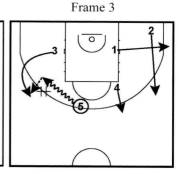

圖 29　Barcelona Hand Off

《圖 29-1》

－1 傳球給 4

*5 背擋 1 空手切至籃下

《圖 29-2》

－4 傳球給 5

－1 橫擋 3 繞底至對角，同時 2 也繞到對角

《圖 29-3》

－1、2、4 向外拉開清出空間

* 同時 5 運球與 3 進行手遞手組合

六、**Barcelona Triple**

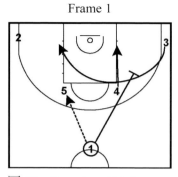

圖 30　Barcelona Triple

《圖 30-1》

－1 傳球給 5

－4 下滑到低位

*1 傳完球下擋 3，利用掩護空手切至籃下

《圖 30-2》

－3 在籃下如果沒機會，則與 4 做連續的橫擋

－5 運球與 1 進行手遞手組合，組合完 5 接著擋繞底的 2

（形成連續的三個橫擋）

*1 觀察繞底的 2 底角三分機會

七、**Euroleague: 3 Get**

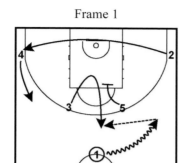

圖 31 　Euroleague: 3 Get

《圖 31-1》

－1 運球至側翼

－5 幫 3 擋人

－3 利用掩護跑至頂點接球，1 傳球給 3

－2 繞底，4 往上動位

《圖 31-2》

－5 再次上擋，與 3 做擋拆組合（擋完下滑）

－1 空手跑位至底角

*3 突破尋找 5 下滑機會，或傳給弱邊的 4，再順著傳給底角的 2 找三分球機會

八、Euroleague: Post X

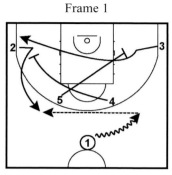
Frame 1

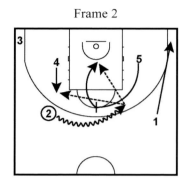
Frame 2

圖 32　Euroleague: Post X

《圖 32-1》

－1 運球至側翼

－5 下擋 3 空手切至弱邊底角

－5 走掉後 4 馬上去擋 2

－2 利用掩護向上接 1 的傳球

《圖 32-2》

－5 上高位對球擋人（擋完下滑）

－2 利用擋人切入，1 動位到底角，4 往上移動

*2 觀察 5 下滑機會，或傳給 4 與 5 高低位配合

九、**Euroleague: Split**

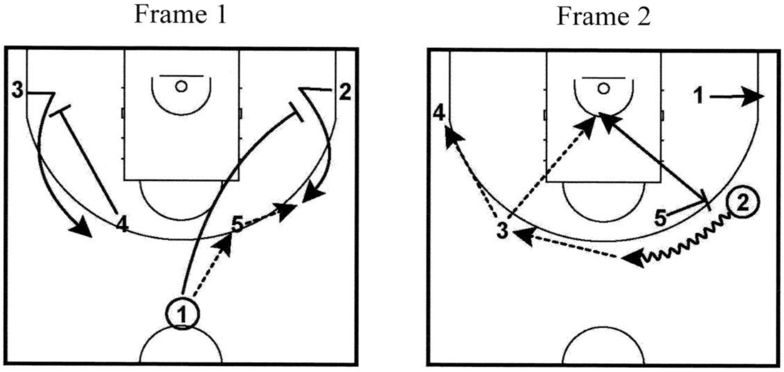

圖 33　Euroleague: Split

《圖 33-1》

－1 傳球給 5，下擋 2

－2 利用掩護跑出來接球

－5 傳球給 2

－4 下擋 3，3 利用掩護跑到 45 度角

《圖 33-2》

－5 與 2 進行擋拆組合，2 突破到中間（5 擋完下滑）

*2 傳球給 3，觀察 5 下滑的機會或是順傳給 4 三分外線的機會

十、**Horns 1 Get**

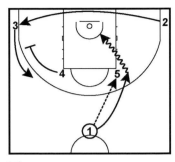

圖 34　Horns 1 Get

《圖 34》

－1 傳球給 5，同時 2 繞底至對面底角

－4 下擋 3 至 45 度角

*1 與 5 做手遞手組合，1 突破攻擊

十一、**Horns 3 Get**

Frame 1　　　　　　　　Frame 2

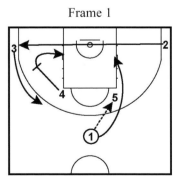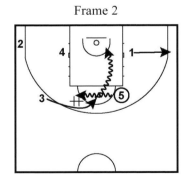

圖 35　Horns 3 Get

《圖 35-1》

－1 傳球給 5，跑過去做手遞手組合，5 假裝給球

－同時，2 繞底，4 下擋 3 到 45 度角（擋完下滑）

《圖 35-2》

－1 沒接到球，快速外拉至底角

＊5 運球與 3 做手遞手組合，3 突破攻擊

十二、**Horns 4 Pop**

Frame 1 　　　　　　　　　　　Frame 2

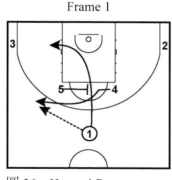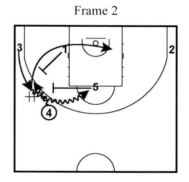

圖 36　Horns 4 Pop

《圖 36-1》

－5 幫 4 擋出來至 45 度角接球

－1 傳完球空手切至球邊的低位

《圖 36-2》

－4 運球與 3 進行手遞手組合

＊5 進行 45 度角的對球擋，讓 3 突破攻擊

＊4 在手遞手完成的同時，1 進行背擋，讓 4 空手切向籃框，接 3 的傳球

十三、Horns 5 Iso

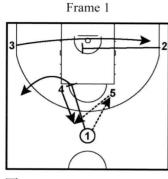

圖 37　Horns 5 Iso

《圖 37-1》

－1 傳球給 5

－1 傳完球下擋 4 至頂點接球（擋完外拉至 45 度角）

－2 至禁區橫擋 3 繞到對面底角

《圖 37-2》

－4 接球後快速轉傳至 45 度角的 1

*2 上擋 5 至禁區得分機會

* 同時利用 4 的下擋跑出頂點的三分機會

十四、**Horns Flex Normal-Post Look**

Frame 1   Frame 2

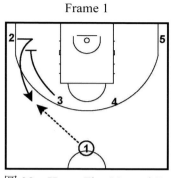 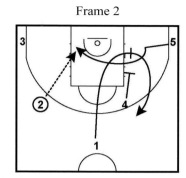

圖 38　Horns Flex Normal-Post Look

《圖 38-1》

－3 下擋 2 出來接球（3 擋完外拉）

－1 傳球給 2

《圖 38-2》

－1 下低位橫擋 5，5 利用掩護跑到對角低位

－4 下擋 1，1 利用掩護繞出來三分線

*2 傳球給 5 的低位機會或是 1 的三分投籃機會

十五、**Horns Kick**

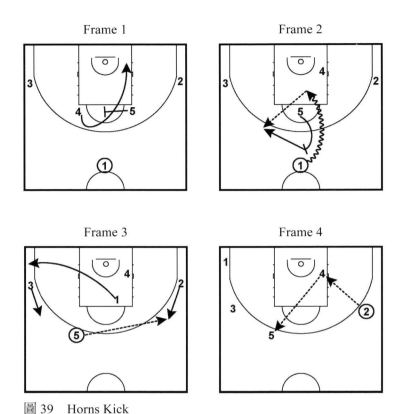

圖 39　Horns Kick

《圖 39-1》

－5 擋 4 空手切到低位

《圖 39-2》

－5 與 1 進行高位擋拆，1 往禁區突破

*5 擋完外拉，1 吸引防守回頭傳給 5 的三分機會

《圖 39-3》

－若 5 不能投籃，2 往上動位接球

－1 拉出去弱邊底角，3 往上動位

《圖 39-4》

*2 傳進去給低位的 4 一對一

* 若 5 的防守在禁區幫忙，可以再傳給 5 外線空檔

十六、Horns Loop

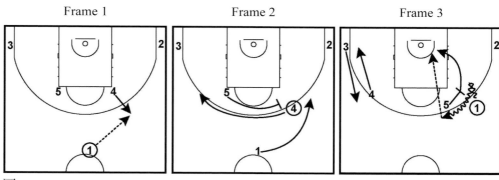

圖 40　Horns Loop

《圖 40-1》

－4 外拉接球

《圖 40-2》

－1 跑過去與 4 做手遞手組合

－同時 5 幫 4 做擋，4 跑至對側 45 度角

《圖 40-3》

－5 對球擋，與 1 進行擋拆組合

*1 假裝過底線後往中間突破，5 下滑

－弱邊的 3、4 交叉動位製造防守混亂

十七、**Horns Switch**

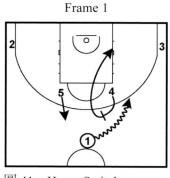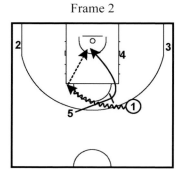

圖 41　Horns Switch

《圖 41-1》

－4 高位對球擋，1 突破至 45 度角

－5 向外拉開空間，4 擋完下滑

《圖 41-2》

－4 下滑後，5 再次對球擋，與 1 進行擋拆組合

*1 突破攻擊，5 擋完下滑

*2、3 準備接隊友突破吸引防守後傳出的球做投籃

十八、**Horns Thru**

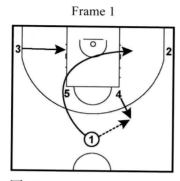

圖 42　Horns Thru

《圖 42-1》

－4 外拉接球

－1 繞過 5 到球邊的低位

－3 空手切到弱邊低位

《圖 42-2》

*5 至低位下擋，3 利用掩護跑到頂點的投籃機會

*3 一接到球，1 後擋 4 空手切到籃下的高低位配合機會

（製造 1 與 4 防守交換的防守錯位）

十九、Horns Twist

Frame 1
3
2
4
5
1
Frame 2
3
1
5
2
4

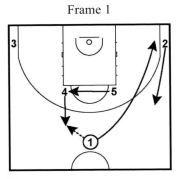

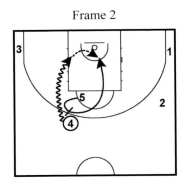

圖 43　Horns Twist

《圖 43-1》

－4 外拉接球

－5 補位至 4 的位置

－1 傳完球空手切至底角，2 往上動位到 45 度角

《圖 43-2》

－5 對球擋，與 4 進行擋拆組合

*4 突破攻擊或是尋找 5 的機會

（5 擋完下滑或是外拉）

二十、Liga Femenina-Spanish Female Domestic League: 5 Slip

Frame 1　　　　　　　　　　　　Frame 2

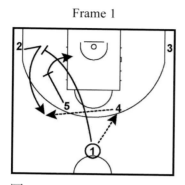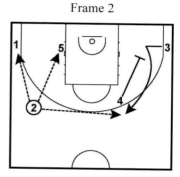

圖 44　Liga Femenina-Spanish Female Domestic League: 5 Slip

《圖 44-1》

－1 傳球給 4 後下低位擋 2（1 外拉）

－5 轉身下去做第二個擋人（擋完下滑）

－2 利用隊友的擋人往上至三分線接球

－4 傳球給 2

《圖 44-2》

－4 下擋 3，利用隊友的擋人跑出空檔接球

*2 尋找 5 下滑的機會或是 1、3 的外線機會

二十一、**Punch**

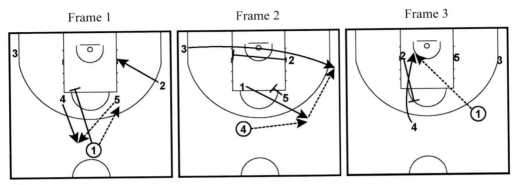

圖 45　Punch

《圖 45-1》

－1 傳球給 5，接著擋高位的 4 出來至頂點接球

－2 往籃框空手切

《圖 45-2》

－5 擋 1 出來至 45 度角接球

＊同時 2 至低位擋，3 繞底線到對面底角的三分機會

《圖 45-3》

－如果 1 沒有傳球給 3

＊2 上擋 4，4 利用掩護空手切至籃下的機會

二十二、**Wide Rub**

圖 46　　Wide Rub

《圖 46》

－1 傳球給 4，下擋 2

*2 利用掩護向上與 4 進行運球手遞手組合

－同時 5 外拉把空間清開

第二節
NCAA男子籃球牛角戰術
一

　　在 NCAA 男子籃球中，牛角戰術已成爲許多球隊進攻的核心策略之一。在籃球場上，空間的創造和利用至關重要，美國大學生運動員通常具備極佳的運動能力和爆發力，他們在進攻中需要有效地發揮這些身體素質，尤其是在攻擊籃框時。牛角戰術正是爲這些優勢量身打造的，它透過高位策應和多樣的擋拆組合，不僅能有效拉開防守，創造進攻空間，更能爲前鋒提供突破切入的最佳條件，使球員在靠近籃框的攻擊更加高效。

一、45 Stagger

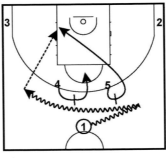

圖 47　Stagger

《圖 47》

－1 運球到 45 度角

－4、5 同時做擋人，1 利用掩護快速突破到對側 45 度角

*1 傳球給 5 下滑機會

二、A Set Ball Screen

Frame 1

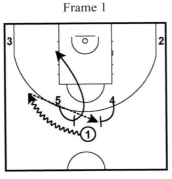

Frame 2

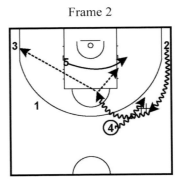

圖 48　A Set Ball Screen

《圖 48-1》

－4、5 同時擋 1，5 擋完下滑

－1 利用掩護往 5 的方向運球到 45 度角

－1 傳球給 4

《圖 48-2》

－4 運球與 2 做手遞手組合

－2 突破到罰球線，同時 5 繞到對側低位

*2 中距離投籃機會，或是找 5 的低位與 3 外線的機會

三、**Elbow Down**

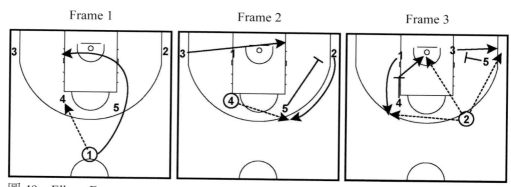

圖 49　Elbow Down

《圖 49-1》

－1 傳球給 4，繞到球邊的低位

《圖 49-2》

－5 下擋 2，2 利用掩護跑上來接球

－4 傳球給 2
－3 繞底到對側低位

《圖 49-3》
－4 下擋 1 出來 45 度三分，4 擋完下滑
－5 橫擋 3 出來底角三分
*2 判斷 1 或 3 的三分機會，或是下滑的 4 禁區機會

四、Flip With Exit

Frame 1
3
2
5
4
1
Frame 2
3
2
4
5
1

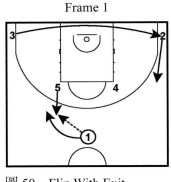

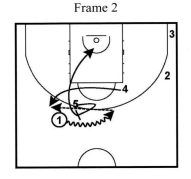

圖 50　Flip With Exit

《圖 50-1》
－1 傳球給 5，跑過去做手遞手
－3 繞底，2 往上移動

《圖 50-2》
－5 跟 1 做擋拆組合，同時 4 繞到對面 45 度角
－1 突破，5 擋完順勢下滑會造成 4、5 的防守混亂
*1 傳給 4 的外線三分機會

五、Horns

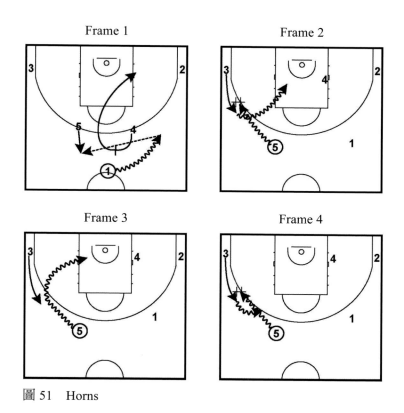

圖 51　Horns

《圖 51-1》

－4 與 1 做擋拆組合，1 運球到 45 度角，4 擋完下滑到低位

－5 外拉接球

《圖 51-2》

機會一

*5 運球與 3 做手遞手，3 直接切入

《圖 51-3》

機會二

*5 運球假裝與 3 做手遞手，自己切入

（通常用在對方防守策略全換的時候）

《圖 51-4》

機會三

*5 運球與 3 做手遞手，3 直接三分投籃

（通常用在 3 的防守者走擋人的下面）

六、Horns Up

Frame 1   Frame 2

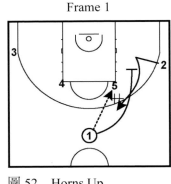 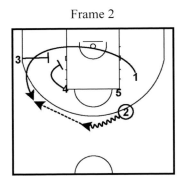

圖 52　Horns Up

《圖 52-1》

－1 傳球給 5，下擋 2

－2 利用掩護跑出來與 5 手遞手

《圖 52-2》

－1 下擋完繞底線到對面 45 度三分線

（同時 3 跟 4 進去幫 1 做擋人）

*2 手遞手完快速運球往頂點，傳給跑出來的 1 三分機會

七、Lare Lob

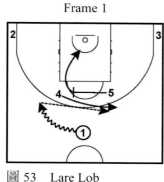
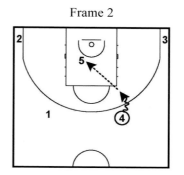

圖 53　Lare Lob

《圖 53-1》

－1 往 45 度角運球

－5 幫 4 做擋人後下滑

－4 利用掩護快速跑到三分線外

*1 傳球給 4 的三分機會

《圖 53-2》

*4 接球後可切人或是傳球給下滑的 5

八、SJ Horns

Frame 1
2
3
4
5
1
Frame 2
3
1
4
5
2

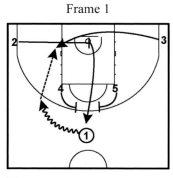

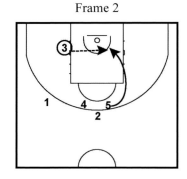

圖 54　SJ Horns

《圖 54-1》

－4、5 幫 1 做擋，1 往 4 的方向突破到 45 度角，同時 2 幫 3 做擋人，讓 3 繞過來低位要球

－2 擋完衝到頂點

*1 傳球給 3

《圖 54-2》

－2 跑出來會吸引防守幫忙

－5 發現防守幫忙順勢下滑

*3 傳球給下滑的 5，弱邊無協防

九、**Stagger With Lob**

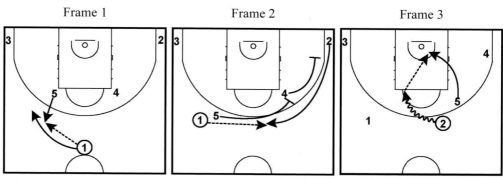

圖 55　Stagger With Lob

《圖 55-1》

－1 傳球給 5

－5 與 1 做手遞手

《圖 55-2》

－4、5 同時做下擋

－2 利用掩護衝到頂點接球

－1 傳球給 2

《圖 55-3》

*2 接球可順勢切入攻擊或是傳球給下滑低位的 5

十、Step Up With Crack Back

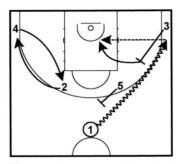

圖 56　Step Up With Crack Back

《圖 56》

－4、2 交叉或空手擋，製造弱邊混亂

－5、3 同時幫 1 做背擋，3 擋完順勢下滑

*1 快速往底角突破，傳給下滑的 3

第三節

NCAA女子籃球牛角戰術

一

在女子籃球中，牛角戰術同樣扮演著關鍵角色，這一戰術不僅能夠充分發揮球員的技術和戰術素養，還能為球隊提供多樣化的進攻選擇。女子球員往往具備更佳的投籃命中率、更有耐心的傳導球、更高的團隊意識和更強的戰術執行能力。牛角戰術中的高位策應和靈活的擋拆組合，能夠幫助她們在場上創造更多的得分機會。合理運用這一戰術，女子球員能夠在進攻中更好地拉開防守，為突破和外線投籃奠定基礎，從而提升整體進攻效率。

一、Cross

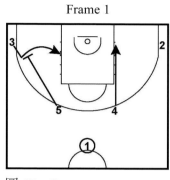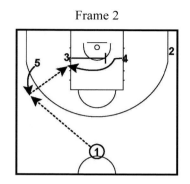

圖 57　Cross

《圖 57-1》

－5 下擋 3，3 利用掩護往攔下跑

－4 往下到低位

《圖 57-2》

－5 擋完出來接球

－3 去幫 4 做橫擋

*5 傳給利用掩護繞到球邊低位的 4 籃下的機會

二、Cross Up

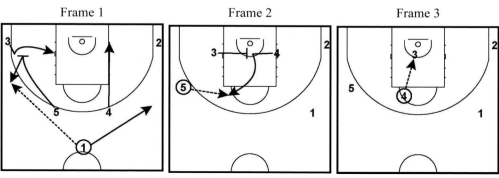

圖 58　Cross Up

《圖 58-1》

－5 下擋 3，3 利用掩護往籃下跑，5 擋完外拉接球

－1 傳完球到弱邊的 45 度角，4 往下到低位

《圖 58-2》

－3 去幫 4 做橫擋

*5 傳給利用掩護上到高位的 4 的中距離出手機會

《圖 58-3》

－4 若不能投籃，傳給 3 低位機會

三、UTAH 1

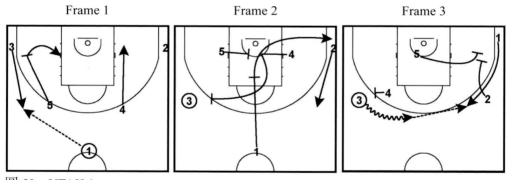

圖 59　UTAH 1

《圖 59-1》

－5 下擋 3，擋完往禁區下滑

－3 利用掩護往上到 45 度角接球

－4 往下到低位

《圖 59-2》

－1 傳完球下擋 4，同時 5 也做橫擋，1 擋完外拉到弱邊底角

－2 動位至 45 度角

－4 利用掩護跑上來與 3 做擋拆組合

《圖 59-3》

－3 利用擋拆快速突破到頂點，同時 5、2 一起幫 1 做堆積下擋

*3 傳球給利用掩護跑到 45 度三分外線機會的 1

四、UTAH Blue

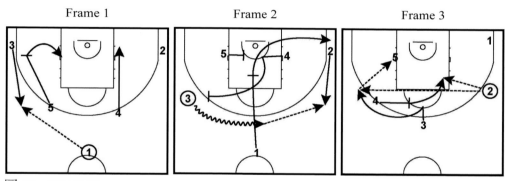

圖 60　UTAH Blue

《圖 60-1》

－5 下擋 3，擋完往禁區下滑

－3 利用掩護往上到 45 度角接球

－4 往下到低位

《圖 60-2》

－1 傳完球下擋 4，同時 5 也做橫擋，1 擋完外拉到弱邊底角

－2 動位至 45 度角

－4 利用掩護跑上來與 3 做擋拆組合

－3 突破至頂點，傳球給動位上來的 2

《圖 60-3》

－3 傳完球的同時，4 幫 3 做背擋

*2 傳給 3 利用掩護跑到 45 度角三分外線的機會，或是背擋完的

4 下滑的機會

* 如果 3 接球後不能出手，可以傳進去給 5 的低位機會

五、UTAH Down

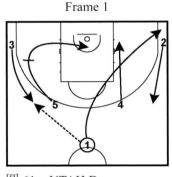 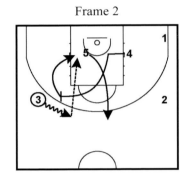

圖 61　UTAH Down

《圖 61-1》

－5 下擋 3，擋完往禁區下滑

－3 利用掩護往上到 45 度角接球

－4 往下到低位

－1 傳完球空手切到弱邊底角，2 往上動位到 45 度角

《圖 61-2》

－4 跑上去與 3 做擋拆組合，同時 5 跑到頂點拉開空間

*3 往中間突破，傳給下滑的 4

（因為 5 跑到頂點，所以球邊沒有協防者）

第四節
NBA美國職業籃球聯賽牛角戰術
一

在 NBA 這個全球頂尖的籃球舞臺上，牛角戰術已經成為眾多球隊進攻體系中的關鍵元素。這一戰術之所以能在 NBA 中廣泛應用，正是因為其高度的靈活性與戰術深度，能夠充分發揮球員的身體素質與技術特長。NBA 球員來自全世界最頂尖的籃球選手，他們籃球技能全面，對比賽的解讀能力極強，並且富有創意性。牛角戰術中的高位策應和多樣的擋拆組合，不僅能拉開防守，為明星球員創造更大的進攻空間，更能在關鍵時刻提供高效的得分手段。無論是利用外線投射，還是透過內線強攻，牛角戰術都能幫助球隊在進攻端實現最大化的效能。

一、53 Hand Off

Frame 1

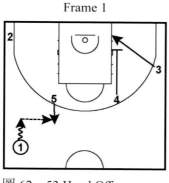

Frame 2

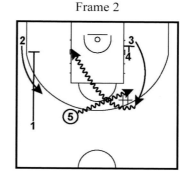

圖 62　53 Hand Off

《圖 62-1》

－1 傳球給 5

－3 跑至低位，4 下擋 3

《圖 62-2》

－5 運球與 3 做手遞手組合

*3 切入，同時 1 下擋 2 到 45 度三分線

二、A Set Back Screen to Hand Off

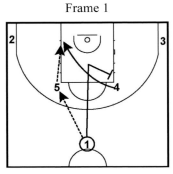
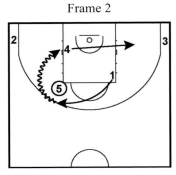

圖 63　A Set Back Screen to Hand Off

《圖 63-1》

－1 傳球給 5，傳完下去幫 4 做背擋

*4 利用掩護空切到低位，跟 5 高低位配合

《圖 63-2》

－如果 4 沒機會，走掉移到弱邊

*1 跑過去與 5 做手遞手組合

三、A Set Choice

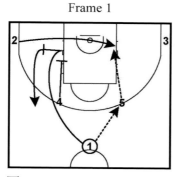

圖 64　A Set Choice

《圖 64-1》
－1 傳球給 5，下去到低位幫 2 做橫擋，同時 4 也做下擋
*2 利用掩護繞底，5 傳球給 2 的籃下機會
（2 如果選擇繞底，1 就外拉至三分線）

《圖 64-2》
－1 傳球給 5，下去到低位幫 2 做橫擋，同時 4 也做下擋
*2 利用掩護跑出三分線外的投籃機會
（2 如果選擇三分機會，4 順勢下滑往籃框）

四、A Set Dribble Hand Off

2
3
4
5
1

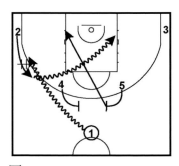

圖 65　A Set Dribble Hand Off

《圖 65》

－4、5 同時擋 1，1 往 4 的方向突破，5 擋完下滑

*1 跟 2 做手遞手組合，2 切入

五、A Set Flex Action

Frame 1
Frame 2
2
3
4
5
1
2
3
4
5

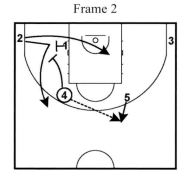

圖 66　A Set Flex Action

《圖 66-1》

－1 傳球給 4，繞到球邊低位

《圖 66-2》

－5 外拉接球，4 傳完球下擋 2

*2 利用掩護選擇空切到籃下或是外拉到三分線

六、Boston 23 Ball Screen

Frame 1
Frame 2
4
2
3
5
1
4
5
2
1
3

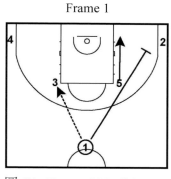

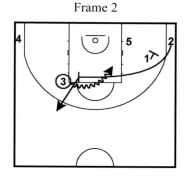

圖 67　Boston 23 Ball Screen

《圖 67-1》

－1 傳球給 3，繞到球邊低位

《圖 67-2》

－2 利用掩護跑上去與 3 做擋拆組合，擋完外拉

*3 切入或是回頭傳給外拉的 2 外線機會

七、**Boston Celtics-Elbow 14**

Frame 1   Frame 2

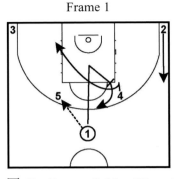

圖 68　Boston Celtics-Elbow 14

《圖 68-1》

－1 傳球給 5，下去幫 4 做背擋，擋完外拉

－4 利用掩護空切到低位

《圖 68-2》

*5 運球與 1 做手遞手組合，5 下滑

八、**Flex Into Double Away**

Frame 1   Frame 2

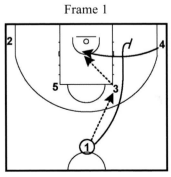
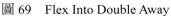
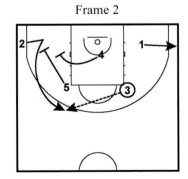

圖 69　Flex Into Double Away

《圖 69-1》

－1 傳球給 3，下去橫擋 4

*4 利用掩護空手切至禁區，與 3 高低位配合

《圖 69-2》

－如果 4 沒機會，與 5 同時幫 2 做擋

*2 利用掩護跑出來三分線投籃機會

九、Horns Loop Hand Off

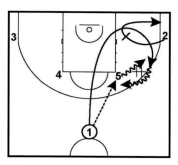

圖 70　Horns Loop Hand Off

《圖 70》

－1 傳球給 5，跑至低位

－2 幫 1 空手擋，擋完拉回底角

*1 利用掩護跑上來與 5 運球做手遞手組合

十、Wide

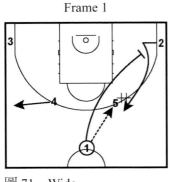

圖 71　Wide

《圖 71-1》

－1 傳球給 5，下擋 2

－2 利用掩護跑上來與 5 做運球手遞手組合

－4 外拉，把空間清開

《圖 71-2》

*2 利用組合突破，5 下滑

同時 1 動位到 45 度角三分線

第五節

WNBA美國職業女子籃球聯賽牛角戰術

在 2024 年巴黎奧運女籃金牌賽中，美國女籃締造了奧運 8 連霸的壯舉，並且寫下了奧運賽場 61 連勝的驚人成績。在美國職業女子籃球聯賽 (WNBA) 中，牛角戰術同樣扮演著舉足輕重

的角色。這一戰術之所以在 WNBA 中得到廣泛應用，源於其能夠發揮球員在技術和戰術上的優勢。WNBA 球員是來自世界各地的頂尖人才，具備全面的籃球技能和出色的戰術理解力。無論是外線投籃的精準度，還是內線進攻的細膩操作，牛角戰術都幫助球隊在進攻端達到最佳效果，充分展示 WNBA 球員的技術水準和團隊合作精神。

一、Horns Flex

Frame 1
2
3
4
5
1
Frame 2
2
3
5
4
1

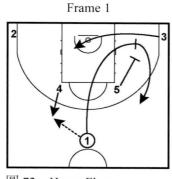

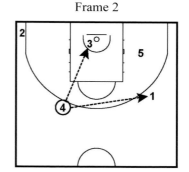

圖 72　Horns Flex

《圖 72-1》

－1 傳球給 4，傳完下去橫擋 3

－3 利用掩護空手切到禁區

－5 下擋 1，1 利用掩護跑至 45 度三分線

《圖 72-2》

*4 判斷 3 籃下的機會，或是 1 三分外線的機會

二、SEA Horns Down

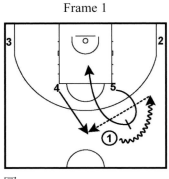

圖 73　　SEA Horns Down

《圖 73-1》

－1、5 做擋拆組合，1 往 45 度三分線突破，5 擋完下滑至罰球線左右

－4 外拉至頂點接球

《圖 73-2》

*4 傳給下滑的 5

*5 小球給空手切進來的 3

三、Top Iso

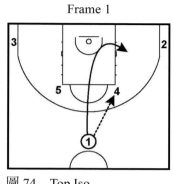

圖 74　Top Iso

《圖 74-1》

－1 傳球給 4，傳完空手切走

《圖 74-2》

*5 主動擋人，與 4 做擋拆組合，1 外拉至 45 度三分線

第六章

牛角戰術經驗分享

　　本章主要透過訪談方式，針對國內知名的職業籃球教練、大專籃球教練、職業球員等進行訪談，藉由他們的經驗分享幫助讀者獲得深入、詳細和眞實的牛角戰術的運用解析。

訪談一：許晉哲 教練
時間：2024 年 8 月 5 日
地點：富邦訓練球館

現任：

臺北富邦勇士籃球隊總教練

資歷：

亞運籃球賽中華男籃代表隊總教練

東亞運中華男籃代表隊總教練

亞洲籃球錦標賽中華男籃代表隊總教練

亞洲盃中華男籃代表隊總教練

CBA 山西汾酒隊總教練

桃園璞園建築籃球隊總教練

李：您覺得牛角戰術的成功要素有哪些？

許：牛角戰術因爲它的變化性很多，所以你可以把兩個四、五號的中鋒放在頂點的位置，或者是像射手也可以放在頂點上面兩個位置。那牛角戰術其實又稱爲 A 戰術，戰術的站位大概位置是這樣，因爲它整個站位會讓球場的空間變得非常地平衡，所以變成在防守端上，強邊弱邊的防守並沒有那麼明確，而且不知道他到底要打的是哪一邊。因此我覺得打牛角戰術能夠成功的原因是中鋒的位置，或者是鋒線的位置很明確，這個戰術要打的是以中鋒爲主還是以射手爲主，把它很

明確地訂出來的話，就可以算是非常成功。

李：牛角戰術中的球員需要具備什麼樣的條件，在戰術執行時會比較有大的成功率？

許：當然我覺得球員對牛角戰術的理解要相當地夠，最重要的是要知道為什麼教練要喊出牛角戰術？當牛角戰術喊出來的時候，要你發揮的特色是什麼？你是射手，那你站在這個位置，下一步的跑位跟你是被擋還是要擋人，要非常地明確。那球員要具備的最重要條件是跟教練之間的互信，這個戰術打出來的時候，其實不一定是誰得分，就是有可能是第一個機會，然後也有可能是第二個機會衍生到第三、第四、第五個機會。我覺得球員要非常了解戰術的跑位，從第一步到最後一步都要非常地清楚。

李：牛角戰術中高位的兩個球員需要具備什麼條件，比如說策應、傳球等等？

許：如果說要會策應的話，有策應的打法，假設我給的是右邊頂點的中鋒，那我們可能弱側邊會有一個後擋，那後擋籃下的空檔出來的時候，你右邊頂點的中鋒必須要傳得到，所以這個時候你的傳球技術要比較好。當然還有一個就是把空間拉開的時候，中鋒如果會去做 hand off 加一個 flare，那這個中鋒又有可能需要有三分線的外線，可是如果 hand off 完以後，他是下滑去做擋拆，那這個中鋒就必須要有很好的 pose 的打法或者是籃下的優勢，所以頂點的這個位置就必須看看教練需要他做的是什麼。

李：您在國際比賽或執教經驗中，有沒有印象最深刻的牛角戰術？

許：我覺得牛角戰術最常看到，或者是說印象最深刻的，就是它可以是 horns 變成 flex，就是橫擋下擋，在近期也常常發生牛角戰術變成西班牙 P&R，所以這兩個是目前看到印象比較深刻的。

李：現今籃球比賽中，您覺得牛角戰術在整體進攻戰術裡的重要性是什麼？

許：其實現在大家都知道籃球常常都打出 motion 或 five out，可是當你打不成功的時候，你必須要進入到陣地戰，這個時候我們看到牛角戰術常常就是各隊所採用的陣地戰的戰術。因為當你 five out 的時候，四、五號球員都必須要能夠做很好的切傳，但不是每個球隊的四、五號球員都可以去做切入跟傳球的動作，這時候突然喊出站 horns 的站位，其實對各隊來講都是更多戰術的一些延伸性。

李：在執教經驗中有沒有使用過牛角戰術成功的案例，包含在決勝期或是在暫停之後，印象比較深刻的？

許：非常多啊，因為像我們之前的四號位是會運球的，所以其實當四、五號在那頂點的時候，利用把球給四號之後，五號幫一號後擋接下去四、五的 high P&R，這時候非常難守。尤其是四號球員到底要追防還是要做換防，換防我們的四號如果去打到對方五號，只要你有切入的能力，其實在一對一的打點上就會成功，所以在四、五號站 horns 的時候是這樣來用。那還有一個就是二、五號，我們常常把林志傑放在二號位在頂點 horns 的上面，那他又有個人很好的單打技巧，所以當你把球傳給頂點的二號，比如說給林志傑的時候，一號跟五號會去做被擋，或者是一號跟二號之間先設一個掩護，

就是小大的 double drag，它的延伸性就變得非常多。所以，成功的案例就是可以用四號跟五號做 high P&R，那你也可以用一、二、五號來做 double drag 的一些延伸。

訪談二：桑茂森 教練
時間：2024 年 8 月 16 日
地點：國體大訓練球館

現任：

國立體育大學籃球隊總教練

資歷：

亞運籃球賽中華男籃代表隊總教練

亞洲盃籃球賽資格賽中華男籃代表隊總教練

亞洲大學男子籃球錦標賽中華男籃代表隊助理教練

李：請問您認為讓牛角戰術成功的要素有哪些？

桑：當然很重要的就是增加了進攻的空間，因為牛角戰術多數的布陣都是兩個比較高大的中鋒，站在罰球角的延伸線的位置。不像過去傳統的戰術，中鋒都會站在禁區白點的位置，所以牛角戰術一開始的站位就增加了很大的禁區，或者是籃球場上的進攻空間。那第二個當然就是讓很多比較有特色的球員可以在場上施展他的能力，因為空間變大的時候，相對他的進攻選擇性就變多。

李：您認為牛角戰術在執行上，不管是從一號球員、前鋒球員，或者是中鋒，他們個別需要具備什麼樣的條件？

桑：我覺得統籌這整個戰術的內容，在牛角戰術裡面中鋒外移的情況下，其實第一個我們希望每個球員都具備投籃的能力，

這是很重要的，就是說投籃的能力在牛角戰術裡面相當地吃重。第二個當然就是傳球的能力，因為過往的中鋒他們大部分都是屬於背對籃框在打球，而牛角戰術的衍生創造了很多中鋒面對籃框打球的型態，所以我們第二個是希望他們有很多的傳球視野跟能力，畢竟他們比較高大。之後我們才會希望第三個，就是切入的能力能夠再更進化一點，因為高大中鋒多數都會被詬病說速度比較慢，也因為他們高大，如果他們具備了傳球跟切入的能力的話，就像先前提到的，進攻空間變大的時候，他們由外而內到禁區的情況下，因為身材的優勢，他們會在進攻上面創造很多機會。那前鋒在牛角戰術裡面變化很多，牛角戰術因為站位的關係，有時候前鋒會站在兩個底角，有時候會站在中鋒原本站的位置；我們當然希望說，前鋒站在兩個底角，過往都是前鋒在處理球，中鋒變成是在底線，那現在牛角戰術裡面，很多都是藉由中鋒處理球的時候，前鋒會站在底角 corner 的位置，所以當然前鋒的投射能力就必須要能夠很強大。再者就是說，因為他們跑動的距離變多了，切入的能力就會變得比較強。

李：**在您的執教經驗印象中，有什麼比較深刻的牛角戰術嗎？**

桑：因為畢竟牛角戰術的中鋒有一定的進攻跟投籃的能力，所以我們在牛角戰術裡面很多都是用類似 stagger 的戰術，就是雙下擋的堆積，藉由兩個中鋒把一個前鋒擋出來，有時候在追防或在換位的情況下，會增加很多四號或五號投射的機會，所以這個戰術對我來講，印象會比較深刻。

李：**現今的籃球裡面有各式各樣的進攻戰術跟系統的存在，您認為以牛角戰術來講，它的重要性是什麼？**

桑：我個人認為是把中鋒的能力極大化，過往我們對於中鋒比較刻板的印象都是在於禁區裡面一些強勢的進攻，或者是說用他的身材條件在取分；現在的中鋒，他們可能具備了很高大的視野跟傳球的能力，甚至已經進化到還可以投籃，所以整個牛角戰術的運用裡面，對我而言，它會變成比較難去防禦。因為過往我們不希望中鋒遠離禁區，就可以達到保護禁區的效果，可是牛角戰術裡面讓我的印象很深刻，就是中鋒主動遠離禁區了，但他並不是因為戰術的設定，而是他的能力強化之後，他離開禁區反而增加了整個籃球場上的進攻空間。

李：**在執教的過程當中，有沒有使用過牛角戰術成功的案例？**

桑：當然就是藉由很多學習會去增加很多特色球員的定位，就像說過往牛角戰術我們比較常見到的，就是四號、五號站在罰球角的位置。有時候如果因為我們的鋒線，其實現在三號球員身高慢慢都已經接近 195、196 公分了，讓一個進攻活躍能力更好的球員站在高位的位置時，整個延伸跟速度能夠拉開，整個進攻空間的能力越來越強。所以我或者是國家隊在打比賽的時候，我們都會改變特定一些人，他在的那個位置，本來是四號球員做的事情，讓三號球員去做；本來的四號球員就已經有破壞力了，再加上三號球員的速度，如果能夠在那個位置創造出更多進攻空間的話，其實對整個球隊的站位是非常有幫助的。

訪談三：吳永仁 教練
時間：2024 年 8 月 16 日
地點：富邦訓練球館

現任：

臺北富邦勇士籃球隊執行教練

資歷：

臺北富邦勇士籃球隊助理教練

中華男子籃球代表隊

台灣啤酒籃球隊

台灣大籃球隊

緯來獵人

臺灣銀行籃球隊

李：**想請問永仁教練，您認爲牛角戰術的成功要素有哪些？**

吳：我覺得第一個是空間，很明顯地把 elbow 或者是 corner 那個位置站得很清楚，所以只要四、五號球員具備外線的能力還有策應能力的話，這個空間會非常地難守，這個是它成功非常重要的要素。

李：**您認爲牛角戰術在執行中，各位置的球員大概需要具備什麼條件跟能力？**

吳：首先，所有球員都需要具備：「看隊友做了什麼來做反應」，跟「看防守做了什麼來做反應」。這個是我覺得牛角戰術中，大家說很容易成功，但是有時候也是最難的東西，因爲看隊友做了什麼來做反應，跟看防守做了什麼來做反應，這是兩個不同的層級。第一個看隊友，因爲隊友做什麼，我來做什麼，其實在練習上面可以做得到。但是你若要

看防守會做什麼，你並不知道人家防守會做什麼樣的反應，那這時候就非常考驗球員在臨場的時候，或者是他經驗上的累積，可不可以做到「當防守做了什麼，我便進攻來做相對的策略以應對」，這是所有球員在打牛角戰術都需要具備的。在各個位置上，剛剛有講到四、五號，需要有外線跟策應的能力，尤其是在兩邊 slot 或是 elbow 接到球的那個地方，當你空間有出來的時候，所有的空切或是在運用擋人的時候，你的 pop out 能力跟你策應能力如果沒有出來，那相對的空間就會變少，因為你沒有外線，防守就會內縮。那兩邊的底角鋒線的話，要具備撕裂防守的能力跟空手切，什麼時候可以有空手切的時間點，做不做得出很好判斷。像是舉個例，富邦勇士的蔡文誠，他就是一個在底角隨時判斷對方防守的情況下，可以做出在很棒的時間做空手切的人，這種角色的能力在 corner 上的兩個鋒線，我覺得相對重要。

李：**您印象中最深刻的牛角戰術是什麼？**

吳：我印象最深的牛角戰術是我自己在台灣大籃球隊的時候，龍哥教我的牛角戰術，我自己打的。那因為現今的牛角戰術有很多方式，然後可能有人說 horns up、horns down、horns twist 什麼都有，但是龍哥那時候教給我們的，就是一個 horns。然而千變萬化，我運球運這邊做什麼、運那邊做什麼；傳球走同邊做什麼、傳球走反邊做什麼；隊友往上走我要做什麼、隊友往下走我要做什麼，所有東西都包含在裡面，所以那個就是需要花非常多的時間練。那這個情況下我自己最印象深刻的就是我們大概有六、七個變化吧，最常成功的就是傳球給中鋒，但是我走反邊的中鋒的位置，然後會做一個類似 stagger 的擋人，不過，是大的先，再一個控球

後衛來擋人，這個 action 常常得分，如果以盯人的狀況來講，對方會很難去防守。

李：現今籃球裡有這麼多戰術，您認爲牛角戰術存在的重要性是什麼？

吳：我覺得重要性就像我剛剛講的，它非常地多變，因爲同樣的起手式的位置站位，其實有非常多不同的、可以接續的戰術運用，比如說可以打到西班牙 P&R，可以打到 elbow action 的所有的 give and go 的戰術，或者是最簡單的可能可以接到 double drag 的戰術。所以我覺得它的重要性是在於起手式雖然一樣，而且又是很簡單的位置站位，但是它可以有非常多千變萬化的、不同的延續性，我覺得相對重要。

李：在您的執教過程中，有沒有哪一次是使用牛角戰術成功的案例？

吳：非常多次，因爲我自己當球員的時候算是滿愛喊的，我剛剛講龍哥的那個，因爲變化非常多，所以控球後衛自己在喊牛角戰術的時候，相對是簡單的，可以自己運球，也可以傳給中鋒。我自己成功的案例是我記得在打瓊斯盃的時候，最簡單的喊一個 horns 然後一個 P&R，就是我走五號邊，五號可能是鼎哥吧，我就用一個 P&R，鼎哥幫我擋，鼎哥下滑，然後 pop out 的是另外一個左邊的四號田壘，直接三分，這是最簡單的。韓國隊也知道這個 horns，但他就是沒守住，這就是關乎在中鋒的 roll 的人夠不夠好、pop out 的人夠不夠準，那正好這就是很經典的一個組合。鼎哥擋人擋得很好、roll 得很快，而壘哥 pop out 三分線夠準，所以非常輕鬆的 horns 就是一個成功的案例。

訪談四：葛記豪 教練
時間：2024 年 6 月 26 日
地點：國立臺灣藝術大學

現任：
國立臺灣藝術大學籃球隊總教練

資歷：
亞運籃球賽中華男籃代表隊
東亞運資格賽中華男籃代表隊
裕隆納智捷籃球隊
桃園璞園建築球隊

李：您覺得牛角戰術的成功要素有哪些？

葛：我覺得牛角戰術的成功要素大約有三個點，一個是空間，其次是角落射手的穩定度，再來就是比較重要的 reading defense，因為空間很好，就是讓防守去先做判斷，在解讀防守之後去選擇比較好的出手機會。

李：牛角戰術中，球員需要具備什麼條件？

葛：剛剛有提到牛角戰術中，其實兩個角落的射手是最重要的，如果兩個角落的射手很準，有一定的外線命中率，可以讓頂點加上整個罰球線延長的地方，三個人的牛角空間很好。所以第一個，必須兩個角落的射手要具備投射的能力，然後再來最好就是在牛角的三個人組合裡面，擁有一個很會傳球的球員。

李：從國際賽事中有看過什麼印象深刻的牛角戰術嗎？

葛：國際賽的部分沒有，但是因為我自己當教練，我很常去看

很多的戰術，比較有印象的是在歐洲那邊也有很多的牛角戰術，我覺得有一個戰術很不錯，是像球隊裡如果會投三分的四號，在控球給中鋒之後，四號幫控球後擋，那迫使四號一定要去擋防守者，造成防守方一定要盯防一號，此時，四號會馬上過來跟五號組合，就可以投外線。所以其實這個戰術是有點利用四號能投外線的優勢，去幫一些球員做後擋，然後擋到禁區裡面，如果你不幫，籃下就得分；一旦你幫了，就可以得到一個投籃的機會。

李：您認為現今籃球中牛角戰術的重要性是什麼？

葛：我覺得牛角戰術最好的就是可以讓一個球隊的空間處在一個比較理想的距離上，也可以讓整個打法是像剛剛說的，如果兩個 corner 牽制住之後，其實等於是說整個半場都是三個人在打。那三個人在打一個半場跟五個人打一個半場，其實空間大，不只可以減少失誤，也可以比較好地去判斷防守，所以它製造了一個很棒很棒的空間，讓三個人去做三人組合，不管是有球、無球，或者是連續的組合來找到機會。

李：您有沒有使用牛角戰術成功的經驗？

葛：有，因為我看了很多牛角戰術的影片，我會把這些戰術帶到自己的球隊裡，我最喜歡的戰術應該是在我們去年的聯賽，我們球隊的四號是一個外籍生，三分外線比較準，所以我就把剛剛那個戰術是由他去做控球的後擋，造成他的人去協防，然後他出來投三分，其實這個在我們一開賽的第一個球，命中率都相當地高。

訪談五：許時清 教練
時間：2024 年 7 月 20 日
地點：中信訓練球館

現任：

新北中信特攻籃球隊球員發展教練

資歷：

南山高中籃球隊冠軍教練

U18 亞青中華男籃教練

臺灣銀行籃球隊

桃園璞園建築籃球隊

東風老鷹籃球隊

達欣工程籃球隊

李：請問您認為牛角戰術的成功要素有哪些？

許：我覺得大原則，牛角戰術把四、五號拉上來，就是要把禁區的空間清開，那它最基本的打法有兩個：一個是走五號邊，不管是運球交叉或者是 P&R，那就要看後衛是不是會做擋拆；如果不行的話，就做運球交叉，五號做下滑，另外一邊的四號在 elbow 的位置過來做一個簡單的 high low，就會吸引人，如果是四號位去補五號，就是四號的機會，這個下滑如果是兩邊 corner 的人防守的話，基本上就是吸引這樣的協防。還有一個是走到四號那一邊，五號就可以做一個 flare screen，然後四號就可以 pop out 出來跳投，五號再做下滑。原本牛角的設計，下滑以後就是看兩邊的射手，沒有射手的話他根本不會縮，所以我覺得先決條件就是在底角的人必須要有外線，就會有這兩個最基本的打法。

李：在牛角戰術中，球員需要具備什麼樣的條件？

許：就像剛剛有提到，我覺得原則就是兩邊底角的人，應該要有基本的命中率。

李：您印象中看過最深刻的牛角戰術是什麼？

許：杜克大學有一個球員，我記得是白人，瘦瘦高高的，那一年他用了一個讓四號接到球，然後同邊 corner 的前鋒往弱邊跑走，直接讓他這個位置去做 iso，我覺得這個滿簡單明瞭的。就是四號接球，同邊的 corner 走掉，那就變成他打單邊，因為協防的也是小個子，所以他應該會讓那個人接球以後去攻擊協防的人，變成沒辦法護框，就可以直接攻擊他。

李：所以杜克這個戰術是您看過覺得印象最深刻的嗎？

許：還有一個是我覺得今年雲豹打得還不錯，其利用五號接球，然後小安會去擋克羅馬。克羅馬是那種又會切入、又可以下滑、具有身材優勢的四號，他就會先逼你做換防，你換了或者是不換，那克羅馬的下滑，如果是小安的人，他就直接空切，有可能他交代不清楚的時候，克羅馬就可以往後面開後門。然後兩邊底角一樣像我剛才講的 high low，那就是看誰補五號位可以傳哪裡，如果沒有，再用克羅馬的四跟五，五號接球，克羅馬過來做一個四、五的擋拆，因為這樣就不好換防，他如果四打到五號的防守者的話，其實也不好守，他又等於是一到四號都可以打的。所以這個是簡單但又有因應球員的特性去設計的戰術，我覺得這個還不錯。

李：您覺得現今籃球中牛角戰術存在的重要性？

許：我覺得它存在的重要性，第一個就是，如果我們沒有那麼多可以攻框製造犯規的球員，那四、五號可以被外拉，至少禁區會清空，我覺得它有這個存在的重要性。

訪談六：吳奉晟 教練
時間：2024 年 8 月 16 日
地點：萬能訓練球館

現任：

萬能科技大學籃球隊總教練

資歷：

亞運籃球賽中華男籃代表隊

台灣啤酒籃球隊

裕隆納智捷籃球隊

李：**牛角戰術在世界籃球裡很多人打，您認為它的成功構成要素
是什麼？**

吳：我認為要素一是可以把比較高的四、五號位，帶到那個高位
的位置，把空間延伸開來，可以讓原本待在禁區的防守者，
往上延伸，所以會創造出禁區比較大的空間。再來就是過去
的籃球是從 two in 到 one in，到現在 find out 的空間延伸之
後，可以有比較多有效從外圍往內攻擊的效果，從原本在裡
面持球往內打跟外圍 outside in，我覺得 outside in 的效果會
比從裡面開始進攻的效果再好一點。現在後期這近十幾年，
延伸四號、延伸五號的投射能力變比較多，所以當延伸空
間被打開，只要有外圍投射的能力，就會再把空間多放大一
倍。所以成功的要素大概是空間跟四、五號的延伸，空間延
伸開來之後，從外圍去往內做突破進攻。

李：身為一個教練，您覺得球員在場上需要具備什麼條件，可以讓執行牛角戰術的時候成功率更高？

吳：我認為在組織的一號位跟後衛，必須要有很好的組織視野，然後要能夠解讀場上的一些空間轉換，所以在一、二號位，處理球跟組織方面需要有很好的解讀能力。設定在兩個 corner 的定點射手的外線命中率要有一定的水準之上，不然他沒有辦法把 corner 的防守帶開，就無法產生空間。那四、五號位我認為很重要的是，需要有一定的掩護跟策應能力，掩護能力就是不管是幫攻擊手 play maker 或者是幫射手做扎實的掩護，創造下一個空間，而對球掩護可以幫持球的控球後衛或者是處理球 play maker 更好地創造機會去撕裂防線。那再來就是下滑的角色，例如說五號位，要有很好的去衝擊籃框的運動能力，或者是衝擊籃下的破壞力。所以在每個位置上都要具備很好的功能性，其中四、五號更重要的應該是策應的角色，很多人會在牛角把球轉換給四、五號的過程中，做一些弱側邊的無球掩護，或是對球的一些組織策應。因此我覺得策應者的角色跟外圍延伸空間的投籃命中率，以及下滑衝擊籃下的這些苦工或者是中鋒的角色，每個人都要具備他這個角色的技術能力。

李：您印象中有沒有看過比較深刻的牛角戰術？

吳：印象深刻的牛角戰術是我還在台啤的時候，那個時候有一個戰術叫做 bear，它會拉兩個上牛角，然後再把球給到三號弱側邊，三號位的對角線。例如說三號位通常都是比較高的前鋒，那比較高的前鋒如果對位到比較小隻的同位置的選手時，就會把球餵到他的另外一邊，然後讓他做一個直接

下滑擊位的 pose，同時控球再做另外弱側邊的 flare，就是他會做一個三號位 low pose 的卡位，然後後衛傳完球之後做 flare 兩個人的交叉。球在第二次轉換邊之後不管是坐電梯關門下擋或者是上擋，會有一個變化性，即他可以在做第一次的 pose 要位跟 flare 之後，在第二次的攻擊往上做一個下擋掩護，或者是往上做一個上擋掩護，或是電梯關門的一些變化。我覺得那個是我在台啤的時候，對牛角戰術比較有改觀的很深刻的一個戰術。因為以前發動都是從兩個弧頂去做攻擊，可是那個是攻擊弱側邊的 pose 的角色，因為當時台啤的三號位是我、小朱跟張羽霖，身高 193、195 公分，比較高，我們在同側對到位置的時候，可以打籃下的那個機會，所以我印象比較深刻。在這個戰術之前的牛角，還沒有讓我想到說可以在低位或是弱側邊去做一些無球攻擊，那種比較主動的路線。

李：在這麼多的進攻戰術裡面，每一隊基本上都會有一個牛角戰術，您認為它的重要性是什麼？

吳：我覺得應該是從我們以前小時候打球，九零年代是 two in，因為打高低，所以空間很擁擠，在 2000 年過後變成打 four out，而 2001 年之後，就已經幾乎都是 five out 的空間。牛角戰術會直接把四、五號拉到 elbow 以上的位置，把空間延伸開來，我覺得對現今籃球最重要的概念應該還是空間，讓四、五號不管是從 mellow pose 延伸或者是 elbow 往上延伸甚至到三分線上，都是希望把空間延伸開來。所以我自己的認知是希望可以把空間延伸，然後再去做重新整理空間之後的攻擊。

李：在您執教的過程當中，有沒有什麼使用過牛角戰術成功的案例？

吳：我自己的話比較少，應該是說我滿常使用延伸空間，但是沒有特定用牛角戰術去做這些成功案例，我並沒有設定牛角戰術去做固定的路線執行，而比較喜歡把我的四、五號位會策應的角色放在大概牛角的位置，然後在那個地方開始攻擊。因為我自己本身在打球的時候，也是做延伸四號位，所以我會上 mellow pose 或是到 elbow 的地方去做策應的角色。我不會把那個設定為牛角戰術，但是基本上站位是把四、五號往上延伸，那可能另外一邊的四、五號會在 low 或者是在 45 度，也有可能會在高位，或者在同側邊，但是發動是從 high pose、elbow 以上牛角的地方發動。所以我覺得我比較常成功的就是在 hand off 接球之後，繞進去的後門，那個是我覺得目前來講，滿常成功的一個處理 play 的機會。就是接到球之後往後繞，如果防守是 follow 你的控球，然後在對球的人沒有做協防，弱側邊也沒有的狀況之下，我覺得那是一個滿容易去創造機會一個案例。

訪談七：黃柏偉 訓練師
時間：2024 年 8 月 7 日
地點：國立臺灣藝術大學

現任：
引爆首席個人訓練師

資歷：
U18 亞洲青年錦標賽代表隊
U19 世界青年錦標賽代表隊

李：您認為使牛角戰術成功的要素有哪些？

黃：第一個因為牛角戰術比較是一個固定的路線，我覺得要先了解自己的選手的能力，才有辦法把你的選手放在對的位置。再來就是找到對手的弱點，可能用情蒐的方式找到對手的弱點，才可以用不同的進攻方式去攻擊對手的弱點，顯示我們的強項。那第二個部分是球隊在進攻上面，需要有一個原則，比如說打一個牛角戰術到最後，他可能是做一個擋拆 step up P&R，可能是做一個對球的擋人，或者有些可能是無球的擋人等等，就是你的球隊在牛角的進攻體系下需要有一個原則，這樣子你的選手就會知道說怎麼分工。如果真的都不行，他需要怎麼樣延續下去，然後加上一些空間的概念跟對球或對人的擋人，這些的概念整合下來，就會有一個以牛角戰術為基底而具變化性的進攻體系。

李：以個人教練的視角來看待牛角戰術，您認為球員需要具備什麼條件，能在牛角戰術中有很好的執行？

黃：我覺得第一個，持球的人必須知道要如何利用掩護，要怎麼樣把防守的人帶到掩護的位置，然後在掩護後去進攻。如果是擋人的人，也是一樣，我是四號，我的優勢在哪裡？我是五號，我應該要怎麼樣做或者是戰術策略要怎麼樣去延續？所以對於對人的擋人跟對球的擋人，都需要有一定的水平，才有辦法讓持球的人跟擋的人一起合作。那擋完人之後延續的那個角度，如你要轉身還是直接衝籃，這些不管是五號、四號或甚至二號、三號，他們都需要有一定的基本概念，才能在對的時間點到正確位置，讓機會創造出來。

李：在您的執教經驗中，有沒有比較深刻的牛角戰術？

黃：我覺得牛角戰術厲害的地方就是它雖是一個固定的模式，但其實在固定的模式下有很多很多的變化，所以我們是給選手一個最大的原則，他按照固定的形式去走，最後跑出來會依照那個原則，可能是做出弧頂的擋拆。但是實際上，因為太多太多的變化，所以我自己沒有說非常印象深刻的，但是這個戰術體系可以有很多跑法和變化，在教練的運用下跟球員的配合下，就會有屬於每支球隊不一樣的戰術策略的運用。

李：現今籃球有非常多戰術，而基本上每隊都有牛角戰術，您認為它具有什麼重要性？

黃：剛剛有提到，第一個是我覺得它很多變，不管是你是要兩個人擋，然後一個下滑，或是五號再去幫四號擋這些，它有很多變化的走位，依照選手的特性可以用不一樣的策略安排。第二個我覺得是它的效率很高，就是比如說我可以設計給二

號或是設計給幾號，它是一個可以很自由、奔放多變化的打法，去讓對手猜不透，或是當我球隊有狀況的時候，我可以設計給三號，讓三號去做特定的走位或是特定的安排。然後在既定的原則之下，最後也會回到三號去做最後的出手，在有變化的情況下，又可以給特定的人去做最後處理球的戰術，會有這麼多人使用，應該是因為這兩個部分。

李：**以您自己在場上的視角，以前在打牛角戰術的時候最常扮演什麼角色？牛角戰術幫忙創造了什麼得分機會？**

黃：當初我覺得第一個是空間，轉換弱邊的時候，我可以用很好的空間去做突破，在既定的模式下，就可以找到自己和隊友的機會點。我以前是打比較屬於二號，接到球的時候是有隊友來做掩護，利用掩護的方式，去判讀場上的空間，也判讀對手的防守，去做不一樣的應對。牛角雖然感覺是很固定的形式，但是其實它有很多變化，最後還是回到空間的概念，它已經既定的這個跑法，就是把空間做一定的修正，只要我們站在對的位置，當做攻擊跟利用掩護時，就會有好的判讀的時間差跟好的閱讀防守的機會。

訪談八：林志傑 球員
時間：2024 年 8 月 16 日
地點：富邦訓練球館

現任：

臺北富邦勇士籃球隊球員

資歷：

亞運籃球賽中華男籃代表隊

亞洲籃球錦標賽中華男籃代表隊

東亞運中華男籃代表隊

亞洲盃中華男籃代表隊

浙江廣廈隊

台灣啤酒籃球隊

李：**您認為牛角戰術攻擊的核心目標是什麼？**

林：對我來說，不管是牛角或是其他戰術，每個位置都有一定的功用性。一開始一定都是四、五號在罰球線兩端，它其實就是希望可以把四、五號的優勢體現出來，然後來做一些外圍，兩個鋒線都在 corner，去做四、五號的優勢可以做的一些變化。假如說四號有優勢，那就變成傳到五號，四號可能一個下擋，就是下滑或者是直接做 high low，就是給四號來做一個打點；那假如是五號有優勢，就會變成五號下滑，四號來接球，給五號來做內線的破壞。我覺得哪個位置上是有優勢的，就去創造最大化的機會來體現他的得分，因為有可能這個戰術第一次成功，以球員的心態，他得分就是要延續，不管他是得分或是他接到球，搞不好吸引到另外的防守去協防。那就他的位置相對來講，他的分析是可以選擇投籃

再繼續做一些突破分球，那就會創造其他球員的機會。

李：**那您一般在牛角戰術中扮演什麼樣的角色？**

林：由於鋒線一定都是在兩個 corner，那我就是看這個戰術是要做給射手投籃，或者是我的位置上去做突破。我在球場上的功用是可以作為射手，也可以去做破壞，所以有些球就是戰術體現，不管是傳到五號位或四號位，傳到四號位的變化、五號位的變化是怎麼樣，有可能再傳到四號，就是兩邊的雙擋下去，給射手出來，那假如是傳到我這邊的話，可能就是做一個 high low 的擋拆然後再去做一些變化。

李：**您覺得牛角戰術相較於其他戰術有什麼優勢？**

林：就像我剛才前面講的，其實在做牛角戰術，就表示他有很多的變化，它對我來說主要是創造給四、五號更大的機會，然後由四、五號的優勢去製造鋒線的空檔或是一些內容。我覺得就是戰術體現，怎麼去把戰術體現於當防守人在防守你的時候，臨場性地去做一些變化。戰術永遠是死的，在球場上雖然要照這個位置去跑，可是當防守出現變化的時候，要去貫通這個戰術然後判斷防守做變動，而不是說球場上五個人，只有你知道要怎麼變化。在球場上當防守截斷你這個位置的時候，其他四位能不能去做一樣的反應跟變化，去銜接第二個、第三個的變化的戰術內容？

李：**您過去這麼多國家隊或是職業球員的經驗中，有沒有印象中打牛角戰術而在關鍵的時候起了大作用？**

林：我打球打了這麼多年，其實普遍遇到的對手，基本上一定都會有牛角的戰術，那在場上會有變化或者是教練的哲學，你喊一個暫停，其實還是牛角，可是你這些內容出來不是對手

知道的，而是做過變化的。就講簡單的，可能是要打最後一擊，我們可能發邊線，就像我們之前卡達那場，其實也是一個牛角的站位，可是變成是後面去做後擋，一個變化就會創造那小小的機會。再來就是球員的默契，我覺得在球場上練球這麼多年，教練這些戰術肯定都有設定口袋名單。牛角戰術裡面可以變化很多內容，可是最大的因素還是在球場上球員能不能去實現教練所給的這些內容，而去做一些防守的判斷，然後去銜接。如對手知道你要去做後擋，你為什麼不叫中鋒來做下擋？這就是球場上認識防守員的東西，因為教練說要叫你後擋，可是他的中鋒已經往後了，你不是直接接，就是做下擋一個變化的方式，接到球就表示你就有那個空檔出手的機會。

訪談九：蔡文誠 球員
時間：2024 年 8 月 16 日
地點：富邦訓練球館

現任：

臺北富邦勇士籃球隊球員

資歷：

亞運籃球賽中華男籃代表隊

亞洲籃球錦標賽中華男籃代表隊

亞洲盃中華男籃代表隊

桃園璞園建築籃球隊

李：您認為牛角戰術在籃球進攻端裡的攻擊目標跟核心是什麼？

蔡：我覺得最主要就是那兩個四、五號的傳球意識很重要，因為牛角戰術有時候要看他是用擋人的，還是傳球給中鋒的。假如今天是他傳給中鋒的話，那中鋒的傳球很重要；假如今天是用擋人的話，則一定會有一個下滑，另外一個中鋒一定會出來接球，不然沒辦法銜接下去，除非後衛直接攻掉。所以變成那兩個四、五號扮演的角色很重要，因為那兩個鋒線其實就是埋伏在 corner 當射手用，因為他的視野、傳球、擋人、下滑、pop out、再轉換邊什麼的，會比一、二、三號來得重要。

李：因為您其實可以從一號打到四號，那您通常在牛角戰術中都扮演什麼樣的角色？

蔡：以二、三號來講的話，當然就是射手把空間拉開一點，協

防的位置就會比較少，那如果是以四、五號來講的話就是傳球，假如今天傳給四號、五號，一號去空手切，去擋二、三號，如何傳給他們銜接才是重要的目的。牛角戰術其實是對四、五號的傳球跟投籃能力很有信心，畢竟你都拉開空間，籃下沒有任何進攻的球員，所以會變成說四、五號的投籃能力跟二、三號的射手把空間拉開，接下來就是一些空手走位。因為四、五號兩個人都在外圍頂點 slot 的地方，你如何製造籃下更多溜籃的能力跟得分，就是二、三號要會空手走位，然後四、五號要會傳球。

李：**您覺得牛角戰術相較於世界上這麼多的戰術，裡面有什麼樣的優勢？**

蔡：它的優勢就是把空間拉開，像現在很多球隊都打 five out，不管是任何哪一支球隊，只要是中鋒會投籃，他就是打 five out 或是牛角，可能因為速度越來越快，如何去製造更多的空間來進攻，畢竟球場的侷限就是這樣了。然後高個子身材越來越好，你不可能全部的人都擠在籃下，一定會受限於規則跟場地，所以變成說現在可能比較多人去打 five out 或是牛角這些戰術，最主要的目的就是要把空間拉開，讓一到五號的任何一個人可以有更好的空間去得分。

李：**以球員視角來講，有沒有您使用牛角戰術成功的經驗案例？**

蔡：我比較深刻的是一個五號擋到人，一號就直接一條龍上來了，因為籃下完全沒有人，假如是 corner 兩邊的要協防也比較不容易，畢竟他是射手的話，要來協防比較不容易。那假如今天中鋒幫你擋到人，你可以運球切入的時候，corner 那個人來幫忙，變成說你傳給 corner，完全沒有人可以幫得

了來補防的人，對我來講的話就是 corner 不幫忙。那假如今天我用傳球的，我是控球走 shuttle 的話，只要一掛到中鋒也可以直接傳地板，就像擋到人跟傳球的用意就是這樣，對我來講印象比較深刻。

訪談十：林郅爲 球員
時間：2024 年 8 月 5 日
地點：富邦訓練球館

現任：
臺北富邦勇士籃球隊球員
資歷：
亞洲盃、亞運籃球賽中華男籃代表隊
日本 B. League 福岡新銳籃球隊
高雄 17 直播鋼鐵人籃球隊

李：**您認爲牛角戰術在進攻端的核心目標是什麼？**

林：這個戰術其實是一個滿經典的戰術，兩個四、五號會在高位幫控球先擋，然後看控球走哪一邊，五號可能跟四號做一個 flare 或是再去接下面的擋人。核心目標是控球看有沒有機會進攻，沒有的話，兩個 corner 可能會有滿大的機會。最後可能控球帶了之後，守四、五號的人去幫忙，然後四、五號才會有機會。

李：**您認爲牛角戰術裡面比較容易出現的得分點是什麼？**

林：四、五號直接做擋人，那四、五號一開始的下滑，可能就會是第一個得分機會，第一個是控球，他擋完直接攻擊；兩個 corner 也滿有三分線的機會。

李：**以您中鋒的角色，在牛角戰術中基本上都在做些什麼事情？**

林：第一個一定是先幫控球擋人，如果擋完之後沒有直接的機會，再來可能就是 pop out 接應然後策應，不然就是下滑看

有沒有小球。

李：在這個牛角戰術中，您覺得四號球員應該具備什麼條件？

林：我覺得因人而異吧，有些四號是外線很好，那他擋完之後 pop out，如果有機會，他出手穩定且把握度高，空間就可以拉得很開，那下滑那個中鋒機會也會很好，就整個空間很開。裡面如果是身材比較好的五號，那控球擋完人之後，控球拉開看裡面那個機會也會滿重要的。

李：您認為牛角戰術相較於其他的戰術有什麼優勢？

林：因為牛角戰術其實是很經典的戰術，可以讓每個人都能夠去 run 到球，就是大家如果都做得好的話，五個點都會有機會。

李：以球員的視角，您覺得場上什麼時候最適合使用牛角戰術？

林：我覺得可能是進攻有時候來回很多次，節奏比較亂，需要慢下來打一球的時候，這個會是一喊大家就知道怎麼做的，是可以很快進入狀況、把大家拉回來的一個戰術。

訪談十一：蕭順議 球員

時間：2024 年 8 月 4 日

地點：國立臺灣藝術大學

現任：

新竹御頂攻城獅籃球隊球員

資歷：

韓國征戰光州世大運中華男籃代表隊

桃園璞園建築籃球隊

臺北富邦勇士籃球隊

金門酒廠籃球隊

李：以您個人在籃球場上的視角，牛角戰術在攻擊端的核心目標是什麼？

蕭：應該是直接破壞禁區吧，因為擋拆後直接下滑，或者是控球可以直接上籃，最簡單的是這樣。

李：您覺得它的核心目標除了攻擊禁區以外，還有沒有什麼您認為是在這個戰術裡需要去呈現，或是有可能發現的機會？

蕭：可能發現的機會當然就是一擋完之後，如果同邊強邊的前鋒縮了，就可以投外線；沒有的話，擋完下去如果被換位，或者是控球跟五號位換掉的時候，五號位可以再擋四號位，四號位可以 pop out 出來再接 motion，其實就變成滿活的。

李：所以牛角戰術對您來講，它的變化其實是很靈活的嗎？

蕭：我覺得以現在來說，牛角戰術已經不像是一個戰術，而像是

一個動位的起頭，它可以衍生出後面任何一個戰術的位置，比較偏向是一個系統的感覺。

李：在這個牛角戰術裡面，您個人基本上都扮演什麼樣的角色？

蕭：我在學生時代的話是持球者跟四號位的被擋者，但現在在職業隊我是屬於四號位，可能先擋完控球者，再被五號擋出來，然後接 motion 的那一個角色。

李：在這兩個角色中，技術上面來講，您會有哪一些發揮？

蕭：技術層面的話，如果我是持球者，我第一個被擋完絕對先攻擊籃框，造成對方的失位，再來看哪邊補防或者是哪邊協防，再判斷防守者的位置跟我們的球員的空檔。如果我是四號位被擋者的話，就變成我要比較注重策應方面跟中距離外線穩定性。

李：在牛角戰術中，您覺得小前鋒或大前鋒這兩個位置需要具備什麼樣的條件？

蕭：我覺得基本上一定要有切入上籃的能力，不管是中鋒可能會協防、補防或要蓋你等等，再來就是中距離三分、判斷防守的失位，還有牽制跟策應吧。我覺得四號位現在的角色滿重要，不像以前的純中鋒，是擋完下滑或偶爾投個外線，四號位基本上等於就跟二、三號位一樣，已經沒有純粹的四號位了。

李：您覺得牛角戰術相較於其他各種您所熟知的戰術，有什麼樣的優勢？

蕭：我覺得最簡單的優勢就是牛角戰術可以馬上把防守者的中鋒帶到高位去，然後快速擋完，馬上會有一個禁區的空檔。再

來就是一擋完之後，中鋒下滑的快速就會有很大的破壞性，不管是誰來補，基本上五號位對上四號位或二、三號位都具有很大的破壞性。

李：以您的視角，球場上什麼樣的情況最適合使用牛角戰術？

蕭：我覺得是防守者的交代非常不好的時候，你一擋要不要換、要不要守 under 或者是 high show 等等，因為一拍的失誤就變成第一拍控球可以直接上籃得分，再來就是五號位反擋四號位，那四、五號位要不要換。現在的四號位都要有外線能力，如果五號位上來就變成我的五號位打你的四號位或者是三號位，馬上就會有一個 mismatch 的機會，所以我覺得當對方防守交代很不好的時候就可以叫這個戰術，是最簡單的。

訪談十二：周桂羽 球員
時間：2024 年 8 月 16 日
地點：富邦訓練球館

現任：
臺北富邦勇士籃球隊球員

資歷：
世界盃亞洲區資格賽中華男籃代表隊

李：請問您認爲牛角戰術的攻擊核心目標是什麼？

周：我覺得攻擊核心是一開始控球員跟中鋒做擋拆的威脅性，因爲牛角的起頭是兩個中鋒上中，然後跟一號做擋拆，再銜接到後面，可能是中鋒的 high low。所以第一個攻擊機會是一號突破的威脅性，可以去影響到後面的戰術銜接得順不順，如果你的一號沒有什麼攻擊性，其實大家只要走一個 under 就可以很容易破解到後面的走位。攻擊核心目標是先打出第一波高位的擋拆，如果具有危險性，就可以去吸引到對方的協防或是防守的一些步驟，去銜接到後面繼續的組合。

李：您扮演的角色既是控球後衛，又是前鋒，那在牛角戰術中這兩個角色一般來講都要做些什麼？

周：如果是鋒線的話，就是要把空間拉開，留在兩個 corner，然後把空間讓給兩個中鋒跟控球，讓他們有發揮的空間；如果

是控球的話，就是想辦法去突破撕裂防線。

李：**您覺得牛角戰術中，前鋒這個位置的人在場上需要具備什麼樣的條件技術跟體能？**

周：我覺得最重要的一定是投籃能力，因為在 corner 才可以讓你的防守者不敢去做過多的協防，如果你不太準，對方放你投，然後他去協防的話，會讓一號跟五號的擋拆就變成三守二的感覺，所以第一個要素是對方不敢放你投。再來則是處理球的能力，因為球會到你身上就表示一號跟五號的擋拆沒有成功，所以接下來可能是看五號弱位去 roll in 或是去 pop。而球就會到你手上，那你要怎麼去銜接後面，繼續把這個戰術跑完，所以解讀球場上的能力跟後續去處理球是比較重要的。

李：**世界上有這麼多戰術，您認為牛角戰術相較於其他戰術有什麼樣的優勢？**

周：我從小就知道有這個戰術的存在，它的優勢可能是在臺灣大家都知道這個戰術，你隨便一講，大家都知道：「喔，就是這個。」所以在大家還沒有配合得很好或是在一個新的團隊的時候，可以講出一個東西是大家知道的，然後怎麼去站位，可以把大家聚集在一個方向去打。

李：**以球員的視角，場上有這麼多情境，不管是慢下來、快攻，或是最後一擊，您覺得什麼情況之下最適合使用牛角戰術？**

周：在很多連續的攻擊都沒有得分的時候，中鋒對我們來說是很大的優勢的時候，我就會喊牛角戰術，因為我知道我的中鋒比對方的來得厲害，那我就會 call 牛角，可以接到後面的 high low，去打這一波攻擊。

訪談十三：曹薰襄 球員
時間：2024 年 8 月 1 日
地點：台新訓練球館

現任：

臺北台新戰神籃球隊球員

資歷：

亞洲三對三籃球錦標賽中華男籃代表隊

台灣啤酒英熊籃球隊

李：以球員的角度，您認為牛角戰術在攻擊端的核心目標是什麼？

曹：我覺得從四號跟控球來發動是比較核心的，因為第一拍攻擊一定是控球，他們去做攻擊，要是沒有的話，通常都會接到四號位的轉換邊，或是說 high low，或是他跟轉換邊的兩人小組，這是牛角戰術比較多的組合。然後可能會接到四號位，甚至是下擋再掛出來變射手再投也是很有機會的，它的核心可能是一號的第一次攻擊跟四號的策應能力。

李：牛角戰術裡容易發生的得分機會，您能大概能舉個例嗎？

曹：當然第一個可能是你看控球是不是個 shooter，是的話可能
　　對手守 under，第一次機會就出現，可能會有三分出手的機
　　會。再來是可能控球壓比較深的時候吸引到中鋒的協防，那
　　當然 pick and pop 的外圍的中鋒就有機會可以做空檔。再來
　　就是最傳統的，控球切入非常深，導致強邊的防守者協防，
　　corner 就會有空檔，因為會有射手去拉開空間，大致上的空
　　檔是這樣子。

李：**您在牛角戰術中一般都是扮演什麼樣的角色？**

曹：通常是在節奏比較亂，需要打一個機會點時，我是控球，我
　　可能會讓防守者壓到比較下面去製造大家第二次或第三次的
　　進攻。所以我通常不會選擇牛角戰術第一拍的機會去投掉，
　　除非是真的非常好的空檔，不然我都是會傾向於給到四號
　　位，去做換邊的組合或是說 high low 的組合，去製造第二
　　波到第三波的攻擊。

李：**您本身扮演的是後衛跟得分後衛，有點像是雙能衛的角色，
　　那在牛角戰術中，您覺得雙能衛需要具備什麼樣的能力才能
　　打得更順暢？**

曹：雙能衛當然要有一定的攻擊能力，才可以站在 corner 幫忙
　　吸引到防守者協防，才會讓整個空間比較好，這當然是雙
　　能衛控球的首要條件。再來因為牛角戰術比較是要對方走
　　under 的，你的空間就會變很差，所以你要強迫對方沒辦法
　　走 under，一定要追你的屁股，所以有時候這就是中鋒擋人
　　跟控球配合的節奏，會是成為這個戰術打得好或不好的關鍵
　　因素。

李：**以球員的視角，牛角戰術相較於其他的戰術，它的特色跟優**

　　　勢是什麼？

曹：特色我覺得是它的展開吧，它不一定像以前傳統就是運球、中鋒幫你擋就叫牛角戰術。現在變化很多，它可能是一個 horns，你可以給球反擋，讓現在比較多的小四號位上來掛，變成是他擋。等於說它的展開模式和以前不同，不再侷限於單一的運球，它可能會是接球 give and go 或接球反擋，或是接球變成雙擋。它的展開方式變得比較多元，而且相對的是有一些控球可能沒有那麼喜歡一直運球，反而可以傳球再走，一樣能執行牛角戰術。

李：以球員視角，您認為場上什麼時候最適合使用牛角戰術？

曹：當然還是要看球隊的個性，在打牛角戰術時，是我們需要一波成功率，或是要穩住節奏的時候，這時候打牛角戰術當然是相對好，因為控球可以不用壓迫，然後展開的模式又多，也可以達到最好的得分效益。重點是也可以讓場上空間去站好位置，因為它就是一個很吃空間的陣型，射手一定要到 corner，勢必就是要強制空間要製造好，所以我覺得打牛角戰術會是對於球場需要空間或是時間掌控的時候，非常好的一個戰術。

訪談十四：Phoenix Robey 球員

時間：8 月 16 日

地點：國立臺灣藝術大學

現任：

臺藝大籃球隊球員

資歷：

澳洲外籍生，大二

李：**In the horns set, what is the main target on the offense?**（在牛角戰術中，進攻的主要目標是什麼？）

P：I think in a horns set there is different variations which the team can focus on depending on whose on the floor. I think the first option is obviously the guard coming off the screen and looking for their own options, but depending on the defensive coverage, you might have a horns flare for a shooter and where you looking for a three point shot, or if the switching the big might slip as you coming off the screen slip inside, and you also have other options like skipped the corner.（我認為在牛角戰術中，團隊可以根據場上的球員選擇不同的變化。首先的選擇顯然是讓持球的控球，利用掩護尋找他們自己的進攻機會，而根據防守的情況，掩護的人有機會拉到外線尋找三

分機會；或者如果對方換防的話，有機會傳小球給下滑的中鋒，此外還有其他選擇，比如將球傳到角落位置。）

李：**In this horns set, what role do you play?**（在這個牛角戰術中，您的角色是什麼？）

P：In my team in a horns set I am usually the shooter, so I am usually on the elbow. And once I get the ball, I can pitch the guard and then get a flare screen from the big. So I am usually looking for the shot for the three point shot, but if teams know that I am a shooter, they will sometimes overplay me which opens up the slip for the the big or the guard to go themselves.（在我的球隊中，我通常在牛角戰術中擔任射手的角色，所以我通常站在 elbow。一旦我接到球，我可以將球回傳給控球，然後從中鋒那裡接到一個掩護。因此，我通常會尋找三分投籃的機會，但如果對方知道我是一個射手，他們有時會對我進行過度防守，這樣會為中鋒或控球創造出切入或給小球的機會。）

李：**In the horns set, what is the requirement as a shooting guard?**（在牛角戰術中，作為得分後衛的要求是什麼？）

P：As a shooting guard playing in the horns set, being able to shoot is probably the most important. Be able to shoot quick and get your shot off quick from different foot work and having the defense coming at you from different angles. I think it is very important that you need to be able to shoot with confidence, and also if they are playing your shot and you do get the ball, being able to drive and make reads from that is also very important.（作爲在牛角戰術中的得分後衛，投籃能力大概是最重要的。你需要能從不同的腳步動作中快速出手，在防守球員從不同角度壓迫你的情況下投籃。我認爲，投籃的信心非常重要，如果他們盯防你的投籃，當你接到球時，你也需要能夠突破並做出正確的判斷。）

李：**Comparing to other set plays, what does the horns have advantage on?**（與其他戰術相比，牛角戰術的優勢是什麼？）

P：I think the spacing, having a lot of space and playing in the center of the court opens up a lot of options. And I think the angles from the guard attacking as well as the shooter popping of which can be very potent in team offense.（我認爲是空間感。在球場中央打球，擁有很多的空間，可以爲球隊的進攻創造更多選擇。我認爲控球攻擊時的角度以及射手 pop out 接球的時機也非常具有威脅性。）

李：**What is the best time to use the horns set on the court?**（在場上什麼時候是使用牛角戰術的最佳時機？）

P：I think there are different times you can utilize the horns set. The traditional horns flare set for the shooter is more of a set play work up so obviously if the team scores, and you looking to get a good shot that a good option. Or if there is one shot left in the the quarter you might want to do a horns set, be a more slow paste half court game is where a horns set and work as well.（我認爲有不同的時機可以利用牛角戰術。傳統的牛角戰術是爲了在對方得分後，讓射手可以有簡單出手的機會。

所以顯然在球隊得分後，你希望獲得一個好的投籃機會時，這是一個不錯的選擇。或者如果這是一個節末的最後一次進攻機會，你可能會使用牛角戰術，或是在場上節奏比較慢的時候，牛角戰術也能發揮作用。）

結語

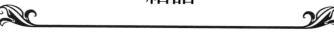

　　牛角戰術已被現代籃球廣泛使用，甚至衍生出變化多端的多元牛角款式的戰術，是籃球運動中很重要的戰術之一。牛角戰術需要球員彼此的默契形成一個 V 形，提到罰球線以上位置掩護，因此，此戰術講究的是掩護，而不是傳統的進攻策略。然而大多數球迷對於「牛角戰術」都是一知半解，有些人可能了解它的基本站位，但對其後續的變化一無所知，透過本書的精闢解說，歸納幾個要點：

一、球員必須具有靈活應變的能力才能成功駕馭它。

二、牛角戰術的關鍵：球員的投籃、掩護和持球人的分球能力。
　　畢竟籃球戰術終歸只是給球員創造空位的機會，若球員空位投籃都投不進，那麼再精妙的戰術也不會起到多大的作用。

三、利用許多擋人掩護的戰術，例如前鋒後擋中鋒，創造中鋒禁區單打機會，透過擋人的運用，能夠創造出許多投籃機會。

　　牛角戰術是一個有效率且多變的戰術，想要發展出適合自己隊伍的牛角戰術，對教練而言是一個重要的功課。球場上變幻莫測，防守方要盡可能讓對方無法見縫插針，有機可乘；而進攻方要盡可能靈活應變。有優質的戰術就能培養出一支優秀的籃球團隊。

　　綜論上述，籃球其實是很重戰術的運動。牛角戰術已為現代籃球戰術所廣泛使用，甚至衍生出不同牛角款式的戰術變化。而

「牛角」(horns) 戰術講究的現代掩護已不是傳統的進攻策略，要怎麼運用牛角站位來展現速度上的優勢，戰術啟動站位固定，卻又可延伸非常多元的進攻機會，可概略分為三點：

一、空間：牛角戰術透過創造禁區空間的運用，將鋒線拉至兩邊底角，中鋒則移至高位，藉此能夠清空禁區的空間，使持球者能夠擁有大量運球突破尋求得分機會。

二、位置：高位中鋒形成雙擋，為射手創造外線三分投籃機會。

三、戰術：牛角戰術將利用許多擋人掩護的戰術，例如前鋒後擋中鋒，創造中鋒禁區單打機會，亦或是中鋒下擋射手出來投籃的機會等等。透過擋人的運用，能夠創造出許多投籃機會。

　　根據過去擔任籃球選手與教練之經歷，筆者認為同一戰術用久了，終有被識破的時候。由於無法估計一套戰術能施展幾次之後才會被防守破解，因此，「牛角」的變化運用就顯得相當重要。

參考文獻

一、專書

伍登、納特著，華仲春、陳麗珠、李梁華譯 (2007)。約翰・伍登的 UCLA 大學進攻戰術體系：現代美國籃球進攻戰術理論與方法解析。北京：人民體育出版社。

周殿學 (2011)。人盯人防守。臺北市：國家出版社。

施澤 (2015)。NBA 進攻戰術流派與平面動畫演示研究。西安市：陝西師範大學。

哈金斯、克勞斯著，武國政譯 (2004)。美國籃球移動進攻戰術精解。北京：人民體育出版社。

徐瑜 (1983)。不朽的戰爭藝術：孫子兵法。臺北市：時報文化公司。

許晉哲 (2004)。籃球技戰術報告書——再興中學爲例（未出版碩士論文）。桃園市：國立臺灣體育大學。

張秀華、劉玉林 (2005)。籃球系統戰術。北京：人民體育出版社。

譚朕斌 (2011)。進攻區域聯防。臺北市：國家出版社。

二、期刊論文

吳喜松、高俊傑、楊紀瑜、羅玉枝 (2010)。2010 年 10 月國際籃球規則變動後對比賽影響之探討。運動休閒餐旅研究，5 (4)，121-132。

李伯倫、呂允在、葛記豪、盧譽誠 (2019)。籃球進攻戰術之介紹——牛角戰術。國立臺東大學體育學報，30，65-78。

李鴻棋、楊政盛、徐武雄 (2009)。2007 年世大運之籃球進攻戰術探討。福爾摩沙體育學刊，3 期，110-118。

鄭智仁、周彥貞 (2012)。三分線距離增加對 HBL 三分球相關數據之影響。交大體育學刊，4，75-81。

逢海東、齊璘 (2011)。2010 年國際籃球規則修改內容及對籃球比賽之影響。淡江體育，14，72-78。

郭正煜、蔣憶德、王永順、豐東洋 (2010)。三分線距離改變對籃球選手投籃時腦波頻率之影響。大專體育學刊，14 (3)，318-327。

三、網路資源

LEBRONING（2014 年 3 月 28 日）。禪師的三角戰術爲何沒有傳人。看板 NBA。

https://www.pttweb.cc/bbs/NBA/M.1395978902.A.8DB。

緯來體育台（2014 年 8 月 11 日）。8/10 激烈對戰功虧一簣 中華白黯然輸球。
　　YouTube。https://www.youtube.com/watch?v=r4_MhCraC5U。

NBA 有哪些進攻戰術？。https://www.juduo.cc/club/2060389.html。

5 打 5 籃球進攻戰術牛角。https://www.nbadraft.cn/baike/39539.html。

百度百科—牛角戰術。https://baike.baidu.hk/item/%E7%89%9B%E8%A7%92%E6%88%
　　B0%E8%A1%93/23778028。

每日頭條。https://kknews.cc/zh-tw/sports/oqy3nlp.html。

杜奕君（2015 年 9 月 24 日）。中華隊首戰吞敗 邱大宗：黎巴嫩「牛角戰術」殺傷力大。
　　ETtoday 新聞雲，臺北報導。https://sports.ettoday.net/news/569503。

球天下。https://www.qtx.com/encyclopedias/niujiaozhanshu.html。

運動視界。https://www.sportsv.net/articles/2266。

維基百科—三角戰術。https://zh.wikipedia.org/wiki/%E4%B8%89%E8%A7%92%E6%88%
　　%B0%E8%A1%93。

龍柏安（2016 年 5 月 22 日）。三角戰術中鋒發動沒喬丹 Kobe 別玩。蘋果日報。

四、外文

Wooden, J., & Nater, S. (2006). *John Wooden's UCLA Offense*. Human Kinetics.

Journal of Physical Education, National Taitung University, Vol.30, pp.65-78 (2019).

筆記欄

筆記欄

國家圖書館出版品預行編目(CIP)資料

籃球進攻戰術 : 牛角戰術／李伯倫著. -- 初
版. -- 新北市：國立臺灣藝術大學；臺北
市：五南圖書出版股份有限公司, 2024.12
面； 公分
ISBN 978-626-7141-91-5(平裝)

1.CST: 籃球 2.CST: 運動競賽

528.952 113017598

4Y1N

籃球進攻戰術：牛角戰術

作 者 ― 李伯倫
發 行 人 ― 鐘世凱
出版單位 ― 國立臺灣藝術大學
地 址：220新北市板橋區大觀路1段59號
電 話：(02)2272-2181 傳 真：(02)8965-9641
總 策 劃 ― 呂允在
主 編 ― 蔡秉衡
執行編輯 ― 蔡秀琴
共同出版 ― 五南圖書出版股份有限公司
編輯主編 ― 張毓芬
責任編輯 ― 唐 筠
文字校對 ― 許馨尹、葉 晨
封面設計 ― 施可旋
出版經銷 ― 五南圖書出版股份有限公司
總 經 理 ― 楊士清
總 編 輯 ― 楊秀麗
地 址：106台北市大安區和平東路二段339號4樓
電 話：(02)2705-5066 傳 真：(02)2706-6100
網 址：https://www.wunan.com.tw
電子郵件：wunan@wunan.com.tw
劃撥帳號：01068953
戶 名：五南圖書出版股份有限公司
法律顧問 林勝安律師
出版日期 2024年12月初版一刷
定 價 新臺幣380元
GPN：1011301661